Peter Stadelmann

Das Aquarium
einrichten
und pflegen –
leicht gemacht

Experten-Rat
für den Aquarien-Neuling

Mit Farbfotos bekannter
Aquaristik-Fotografen
Zeichnungen: Fritz W. Köhler

GU GRÄFE
UND
UNZER

Inhalt

Vorwort

Voller Erwartung auf eine schön gestaltete Unterwasserwelt mit buntschillernden Fischen und prachtvollen Wasserpflanzen macht sich der angehende Aquarianer ans Einrichten seines Beckens. Doch nicht selten wird aus Freude Enttäuschung: die Fische und die Pflanzen kümmern, keiner weiß so recht warum. Meist liegt es an grundsätzlichen Fehlern, die sich aber leicht vermeiden lassen. Dieser GU Aquarien-Ratgeber hilft Ihnen dabei.

Der Autor, Peter Stadelmann, erklärt – leicht nachvollziehbar für jeden –, worauf es beim Einrichten und Pflegen eines Aquariums ankommt. Auf Praxis-Seiten beschreibt er, unterstützt von anschaulichen Zeichnungen, Schritt für Schritt, wie man das Becken einrichtet – vom Bodengrund bis zur Aquarientechnik. Dazu kommen Bepflanzungsvorschläge und viele Tips für die Pflege des Aquariums, der Pflanzen und die Ernährung der Fische.

Die wichtigsten Fragen: »Welche und wieviele Fische« und »Wer paßt zu wem« beantwortet er mit konkreten Besetzungsvorschlägen und Beschreibungen jener Fische, die für Anfänger gut geeignet sind. Und damit der Aquarianer für besondere Fälle gewappnet ist, gibt es zwei hilfreiche Tabellen: die »Soforthilfe bei Pannen im Aquarium« und »Die wichtigsten Fischkrankheiten und ihre Behandlung«.

Präzise Anleitungen, brillante Farbfotos und informative Zeichnungen machen dieses Buch zu einem unentbehrlichen Begleiter für alle Aquarien-Neulinge.

E in Aquarium zu betrachten ist entspannend und anregend zugleich. Das Grün der Pflanzen schafft einen ruhigen Gegenpol zu dem prächtigen Farbenspiel der Fische mit ihren interessanten Verhaltensweisen. Die meisten Aquarianer genießen ihre Mußestunden vor dem Aquarium.

Damit die Freude an Ihrem Hobby ungetrübt bleibt, beachten Sie bitte den Abschnitt »Hinweis und Warnung« auf Seite 63.

3

Aquarienkauf und Ausstattung

Fische gehören zu den ältesten noch lebenden Wirbeltieren. Sie entwickelten sich im Silur vor mindestens 430 Millionen Jahren, die modernen Süßwasser-Arten erst im Tertiär, sie sind 60 Millionen Jahre alt. Dagegen sind die heutigen Menschen mit etwa 40 000 Jahren geradezu Neulinge auf der Erde.

Mit einem Süßwasseraquarium schaffen Sie einen Lebensraum für faszinierende, farbenprächtige Fische aus tropischen Gewässern. Um diesen exotischen Schönheiten eine artgerechte Umgebung zu schaffen, sind neben einem Aquarium technische Geräte und Pflegeutensilien unerläßlich. Alles, was Sie für Ihr Hobby Aquaristik benötigen, bekommen Sie im Zoofachhandel.

Das richtige Aquarium

Der erste Schritt zum Aquarianer ist die Anschaffung eines geeigneten Aquariums. Auch wenn die Aquarien auf den ersten Blick bis auf die Größe alle gleich aussehen, gibt es doch Unterschiede in der Qualität. Sparen Sie beim Kauf nicht am falschen Ende. Gute Marken-Aquarien haben eine lange Lebensdauer und ersparen Ihnen so manchen Ärger, den Ihnen Billigprodukte bescheren könnten. Üblich sind heute die sogenannten Ganzglas-Aquarien, die es mit oder ohne Zierleisten gibt.

Die richtige Größe: Ich kenne kaum einen Aquarianer, der gleich ganz groß in das Hobby eingestiegen ist. Die meisten wollen erst einmal sehen, was aus der Sache wird, und fangen klein an. Da ein Aquarium aber ein artgerechter Lebensraum für viele Pflanzen und Fische sein soll, darf das Becken natürlich nicht allzu klein sein. Empfehlenswert sind deshalb die handelsüblichen Becken mit einer Länge von 60 bis 130 cm (Aquarienmaße und Fassungsvermögen → Tabelle, Seite 7).

Beleuchtung

Die Fische, die in einem Süßwasseraquarium gehalten werden, stammen aus Ländern, in denen ganz andere Lichtverhältnisse herrschen als bei uns. Das Licht ist intensiver, und es herrscht über 12 bis 14 Stunden eine ziemlich gleiche Helligkeit. Deswegen kommen Sie ohne eine künstliche Beleuchtung nicht aus.

Aquarienbeleuchtung: Am einfachsten ist es, wenn Sie sich eine Aquarienabdeckung mit einer oder mehreren Fassungen für Leuchtstoffröhren kaufen. Es gibt sie für alle handelsüblichen Aquarienmaße. Leuchtstoffröhren erzielen bei geringem Energieverbrauch eine gute Lichtausbeute und geben kaum Wärme ab. Die Anzahl der Röhren richtet sich nach der Höhe des Wasserstandes. Für ein 60-cm-Becken mit etwa 30 cm Wasserstand reicht eine Röhre, in einem 100-cm-Becken mit etwa 40 cm Wasserstand braucht man zwei Röhren.

Lichtfarbe: Achten Sie beim Röhrenkauf auf die Lichtfarbe, die mit Ziffern gekennzeichnet ist. Geeignete Lichtfarben fürs Aquarium sind 11, 21, 41. Ich empfehle Lichtfarbe 41, deren warmer Farbton die Farben von Fischen und Pflanzen besonders gut aussehen läßt.

Beleuchtungsdauer: Unbedingt durchgehend 12 bis 14 Stunden. Wichtig: Unterbrechungen schaden den Pflanzen, die dann kümmern. Außerdem bekommen Sie Algenprobleme. Um sicherzugehen, daß das Licht pünktlich ein- und ausgeschaltet wird, sollten Sie eine Zeit-Schaltuhr anbringen.

Ein Junge beim Füttern. Die beiden Goldskalare (Pterophyllum scalare) warten schon.

Heizung

Ebenso wie beim Licht muß man auch bei der Wassertemperatur die Verhältnisse in den tropischen Heimatgewässern der Fische berücksichtigen. Die Temperatur für die in diesem Buch genannten Fische muß andauernd 24 bis 26 °C betragen.

Regelheizer gewährleisten zuverlässig eine gleichbleibende Temperatur im Aquarium. Am einfachsten in der Handhabung sind Regelheizer mit Grad-Celsius-Einteilung am Einstellknopf. Man muß die gewünschte Temperatur nur vorwählen, zum Beispiel 24 °C. Die Wassertemperatur wird sich dann zwischen 24 und 25 °C einpendeln. Geringfügige Temperaturschwankungen von ein bis zwei Grad schaden den Fischen nicht. Der Regelheizer wird in einer der hinteren Ecken des Aquariums senkrecht befestigt.

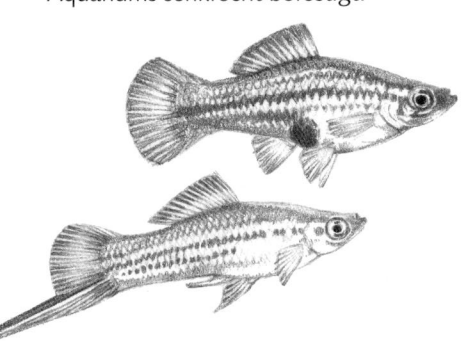

Schwertträger-Pärchen. Im Gegensatz zum Weibchen (oben, mit Trächtigkeitsfleck) haben die meisten erwachsenen Männchen (unten) eine spitz ausgezogene Schwanzflosse.

Hinweis: Als Alternative zum Regelheizer gibt es Heizkabel, die in Schlingen gelegt und mit Kabelankern auf der Aquarien-Bodenscheibe fixiert werden. Kabel dabei nicht knicken. Im Zoofachhandel beraten lassen.

Filter

Um ein Aquarium sauber und die Fische gesund zu halten, ist unbedingt ein Filter nötig, der das Wasser von Abfallstoffen wie Fischkot, Futterresten oder faulenden Pflanzenteilen reinigt und wieder aufbereitet. Es gibt verschiedene Filtertypen. Empfehlenswert sind Innen- oder Außenfilter, die mit einer Kreiselpumpe betrieben werden.

Innenfilter: Er wird im Aquarium in einer der hinteren Ecken angebracht. Er hat eine begrenzte Wirkung, deshalb sollte man ihn nur bei kleinen Becken verwenden. In großen Becken ist er als Zusatzgerät sinnvoll, zum Beispiel, um eine stärkere Strömung zu erzeugen.

Außenfilter: Er wird neben das Aquarium gestellt oder im Aquarienschrank untergebracht. Man kann ihn für kleine Becken ebenso gut wie für große benutzen. Dieser Filter wird im Handel oft fälschlicherweise als Saugfilter bezeichnet. Praktische Anleitungen für die Installation des Filters → Seite 18.

Mein Tip: Eine praktische Sache ist ein Thermofilter. Hierin wird das Aquarienwasser erst gereinigt und dann auf die richtige Temperatur gebracht. Riesenvorteil: Kein Extrakabel, kein Platzverlust im Aquarium.

Filtermaterialien

Für den Innenfilter wird grobporiger Schaumstoff verwendet (Filterpatrone). In den Außenfilter kommt ein grobes Filtersubstrat. Filterkohle eignet sich für die »Nachbehandlung« bei Medikamentengabe (→ Seite 60). Es gibt noch eine ganze Reihe anderer Filtermaterialien, die zu unterschiedlichen Zwecken oder in großen Filtern verwendet werden (zum Beispiel Tonröhrchen). Von Filterwatte rate ich ab, weil sie zu schnell verdichtet (außer in Kombination mit Kohlefilterung).

Aquarienmaße und Volumen			
Länge	Breite	Höhe	Inhalt
60 cm	30 cm	30 cm	54 l
80 cm	35 cm	39 cm	109 l
100 cm	40 cm	40 cm	160 l
100 cm	40 cm	50 cm	200 l
120 cm	40 cm	50 cm	240 l
130 cm	40 cm	50 cm	260 l

Bodengrund

Bodengrund hat im Aquarium zwei Funktionen: Erstens ist er das Medium, in dem die Wurzeln der Pflanzen Halt finden und das Nährstoffe für sie speichert. Zweitens dient er als Dekorations- und Gestaltungselement.

Quarzkies in der Körnung 3 bis 5 mm ist als Bodengrund ideal. Gröbere Körnungen sind weniger gut geeignet, da der Kies zu viel Schmutz aufnehmen würde und schwer sauberzuhalten ist. Im Zoofachhandel gibt es bereits vorgewaschenen Kies, der aber trotzdem noch gewaschen werden muß, bevor er ins Aquarium gelangt. Kies muß neutral sein, das heißt kalkfrei, damit die Wasserwerte nicht beeinflußt werden. Und er darf nicht zu hell sein, da er sonst zu stark das Licht reflektiert.

Sandboden hat den Nachteil, daß er leicht fault und Pflanzen nicht so gut darin wachsen. Für einige Fische wie Panzerwelse und Barben, die gerne im Boden wühlen, können Sie jedoch einen kleinen Sandbereich anlegen.

Nährboden versorgt die Aquarienpflanzen mit wichtigen Stoffen. Er wird beim Einrichten des Aquariums als Langzeitdünger dem Kies beigefügt oder kann später als Tablette in den Kies gedrückt werden.

Dekorationsmaterialien

Steine und Wurzeln sind die wichtigsten Dekorationsgegenstände im Aquarium. Mit ihnen kann man das Aquarium artgerecht gestalten und Versteckmöglichkeiten anlegen, wie sie einige Fische brauchen (zum Beispiel revierbildende Fische wie Buntbarsche oder Feuerschwänze). Wie man dekoriert, ist eigentlich Geschmacksache.

Steine: Geeignet sind sämtliche Urgesteine wie Quarz, Granit, roter, grüner, schwarzer Schiefer und kalkfreie Lava (nicht scharfkantig, notfalls mit einigen Hammerschlägen die Kanten brechen).

Wurzeln: Sie können Eichenwurzeln aus Mooren (nicht der Natur entnehmen) oder sogenannte Moorkienwurzeln nehmen. Nur keine Wurzeln, die frisch aus dem Wald kommen.

Keramikhöhlen und gebrannte Tonhöhlen: Sie sind als Verstecke und Bruthöhlen bestens geeignet.

Rückwand: Es gibt verschiedene Motive, die von außen an die Scheibe geklebt werden.

Was nicht ins Aquarium gehört: An scharfkantigen Gegenständen können sich die Fische verletzen. Das Wasser ungünstig beeinflussen: Wurzeln, die frisch aus dem Wald kommen, Steine, die Kalk enthalten, Meeresmuscheln, frische Kokosnußschalen.

Sonstiges Zubehör

Ein Thermometer ist unbedingt nötig, um die Wassertemperatur kontrollieren zu können. Es genügt ein einfaches Aquarien-Thermometer, das gegenüber vom Regelheizer mittels Saugnapf an der Scheibe befestigt wird.

Schaltuhren sind sehr zu empfehlen, um die Beleuchtungszeit (12 bis 14 Stunden täglich) einhalten zu können. So besteht nie die Gefahr, daß Sie einmal vergessen, das Licht ein- oder auszuschalten.

Für viele Fische ist eine Aquarienwurzel ein beliebter Unterschlupf.

Die farbenprächtigen Zuchtformen der Guppys gehören zu den beliebtesten Aquarienfischen.

CO₂-Düngegeräte unterstützen das Pflanzenwachstum. Empfehlenswert sind die Diffusionsglocke oder ein CO₂-Diffusor. Diese einfach zu bedienenden und preiswerten Geräte halten Kohlendioxid (CO_2) »auf Vorrat« bereit. Geräte, die eine Dauerspeisung an Kohlendioxid bewirken, empfehle ich dem Anfänger nicht, da es bei unsachgemäßer Handhabung zu einer Überdosierung kommen kann. Für ein 60-cm-Becken benötigen Sie ein Gerät, bei einem 100-cm-Becken sind zwei Geräte, die sich problemlos aneinanderhängen (Diffusor) oder aufeinander montieren (Glocken) lassen, zu empfehlen.

Mulmsauger sind praktisch für die Reinigung des Bodengrunds.

Algenmagnet oder Scheibenreiniger erleichtern die Putzarbeiten.

Ein Oxydator ist ein spezielles Gerät, mit dem man dem Wasser Sauerstoff zuführen kann. Es braucht keinen Stromanschluß und ist sehr hilfreich, wenn bei Pannen oder bei Erkrankungen der Fische für rasche Abhilfe gesorgt werden muß.

Ein Aquarienschrank als Unterbau ist bei größeren, schweren Aquarien unbedingt anzuraten. Solch ein Schrank ist durch seine Machart geeignet, große Gewichte zu tragen. Außerdem können Sie darin den Außenfilter und Zubehör aufbewahren.

Tips für den Kauf

● Wichtig für alle Entscheidungen, die rund ums Aquarium zu treffen sind: Nehmen Sie sich Zeit. Besorgen Sie erst das Aquarium samt Zubehör. Ganz wichtig: Erst das Aquarium einrichten, und die Fische frühestens 3, besser noch 10 Tage später kaufen! Das Was-

Wie gemalt: Guppy-Zuchtform mit einer besonders aparten Schwanzflosse.

ser braucht Zeit, um sich zu einem für Fische geeigneten Lebensraum zu entwickeln (→ Was während der Wartezeit passiert, Seite 16).

● Lassen Sie sich im Zweifelsfall die Funktion der Geräte erklären.

● Kaufen Sie die Pflanzen fürs Aquarium nicht wahllos. Ein Bepflanzungsplan, wie er auf den Seiten 14 und 19 gezeigt wird, sichert, daß Sie Ihr Aquarium vielseitig bepflanzen können. Einseitiger Pflanzenbewuchs mit nur geringer Artenvielfalt kann schlimme Folgen haben (→ Abfallprodukte im Aquarium, Seite 46).

Der richtige Standort

Dank der modernen Technik, die im Aquarium für genügend Licht sorgt, kommt jeder beliebige Platz in Ihrer Wohnung in Frage. Beachten Sie jedoch folgendes:

● Sie sollten Ihr Aquarium bequem – vielleicht von Ihrem Lieblingssessel aus – betrachten können.

● Es muß genügend Platz vorhanden sein, damit Sie alle Pflegemaßnahmen bequem ausführen können.

● In der Nähe des Aquariums sollte mindestens eine Steckdose zur Verfügung stehen.

● Für ein 60-cm-Becken reicht als Untergestell ein stabiler Tisch. Um zu prüfen, ob dieser hält, setzen Sie sich am besten probeweise darauf. Größere Aquarien stehen am besten auf einem speziellen Aquarienschrank.

Ungeeignet sind Plätze auf der Fensterbank (dort ist es im Sommer zu hell und zu heiß) sowie alle Plätze, an denen das Aquarium nicht ständig stehenbleiben kann.

Zu den Bildern:
Kein Wunder daß der vermehrungsfreudige Guppy auch als »Millionenfisch« bezeichnet wird. Es gibt kaum einen Aquarianer, der mit diesen farbenprächtigen und leicht zu pflegenden Fischen nicht seine Laufbahn begonnen hat.

9

Sicherheit rund ums Aquarium

Wasserschäden und Versicherung:
Der Alptraum vieler Aquarianer, daß ein Aquarium platzt, wird zwar relativ selten Wirklichkeit – dennoch sollte man auf einen solchen Fall vorbereitet sein. Die Wasserschäden, die übrigens auch durch Überlaufen oder Leckwerden des Aquariums entstehen können, haben meist sehr hohe Reparaturkosten zur Folge. Lassen Sie deshalb schon vor der Anschaffung Ihr Aquarium in Ihre Hausratversicherung aufnehmen und erkundigen Sie sich bei Ihrem Versicherungsagenten, welche Kosten übernommen werden.

Schutz vor Stromunfällen: Um Fischen und Pflanzen geeignete Lebensbedingungen im Aquarium zu schaffen, sind verschiedene elektrische Geräte wie Filter, Heizer und Lampen nötig. Daß Strom in Verbindung mit Wasser gefährlich werden kann, ist hinlänglich bekannt. Beachten Sie deshalb unbedingt folgende Sicherheitsratschläge:

• Achten Sie beim Kauf von elektrischen Geräten darauf, daß diese das VDE-Zeichen (Verein Deutscher Elektroingenieure) oder das gültige TÜV-Zeichen (»GS« = geprüfte Sicherheit) tragen!
• Geräte, die im Aquarium benutzt werden, müssen den Vermerk tragen, daß sie für diese Verwendung geeignet sind.
• Besorgen Sie sich einen sogenannten FI-Schalter (Fehlerstrom-Schutzschalter, im Zoo- und Elektrofachhandel erhältlich), der sich zwischen Stromquelle und Gerät anbringen läßt. Bei Defekten an Geräten oder Kabeln unterbricht er sofort die Stromzufuhr.
• Ziehen Sie den Stecker, bevor Sie im Aquarium Arbeiten verrichten oder elektrische Geräte aus dem Aquarium entnehmen.
• Lassen Sie eventuelle Reparaturen nur vom Fachmann ausführen.

Einkaufszettel für ein 60-cm-Aquarium

Folgende Grundausstattung können Sie auf einmal besorgen. Futter und Fische kaufen Sie besser 3 bis 10 Tage später.

1 Ganzglas-Aquarium (60 x 30 x 30 cm), mit oder ohne Zierleisten
1 Styroporplatte, 10 mm dick (nur bei Aquarien ohne Kunststoffrahmen)
6 Beutel Kies à 2,5 kg (Körnung 3 mm, nicht zu hell)
1 Packung Nährboden
3 Kiesel- oder Schiefersteine
1 flacher Kiesel oder Schiefer
1 Aquarienwurzel
Wasseraufbereitungmittel
1 Flüssigdünger für die spätere Pflanzenpflege

1 Kreiselpumpen-Innenfilter mit Schaumstoff-Füllung
1 Regelheizer mit Gradeinteilung (50 Watt)
1 Aquarienabdeckung mit integrierter Leuchtstoffröhre (15 Watt), Lichtfarbe 41
1 Rückwand
1 Aquarien-Thermometer
1 Scheibenreiniger (Algenmagnet)
1 Schlauch für den Wasserwechsel, 1,5 m lang, 12 bis 16 mm dick
1 Eimer (10 l), der für nichts anderes als für die Aquarienpflege benutzt werden darf (beschriften!)
1 Schaltuhr für Licht
eventuell 1 Mehrfach-Stecker
und nicht zu vergessen die Pflanzen (→ Bepflanzungsvorschläge, Seite 14 und 19).

Das Aquarium einrichten – Schritt für Schritt

Wichtig vor dem Start
Ein Wochenende oder ein Urlaubstag sind genau das Richtige für das Einrichten Ihres neuen Aquariums. Es kostet nämlich Zeit. Nichts ist ärgerlicher, als wenn man das bereits eingerichtete Aquarium nochmals ausräumen muß, weil man in der Eile einen Fehler gemacht hat.

Die Vorarbeiten
Bevor Sie loslegen, sind noch einige Handgriffe nötig.
• Aquarienpflanzen bis zum Einsetzen in der Verpackung lassen oder in eine Schüssel mit Wasser stellen (dunkel aufbewahren). Verwelkte Pflanzen erholen sich nicht wieder.
• 24 Stunden vor dem »Einrichtungstermin« die Wurzel in einen Eimer mit heißem Wasser legen, danach abbürsten, bis alle Rindenreste entfernt sind.
• Um zu prüfen, ob das Becken den Transport gut überstanden hat und dicht ist, stellen Sie es vorsichtig auf eine ebene Fläche (Balkon oder Keller) und füllen es mit Wasser. Ob es rinnt, ist nach kurzer Zeit zu bemerken.
• Nach dieser Prüfung das Becken mit lauwarmem Wasser auswaschen.
• Kies gründlich waschen: Einen Eimer zu $1/4$ mit Kies füllen, Wasser darauf laufen lassen und mit einer kleinen Handschaufel umrühren. Schmutziges Wasser immer wieder abgießen und sauberes auffüllen, bis das Wasser fast ganz klar bleibt. Beim Abgießen des Schmutzwassers in den Ausguß ein großes Salat-Sieb darunterhalten, damit der Abfluß nicht verstopft.

• Steine mit Wasser abbürsten.
<u>Wichtig:</u> Keine Putzmittel verwenden, die Rückstände können die Wasserqualität beeinträchtigen. Lauwarmes Wasser reicht völlig.

Das geeignete Aquarienwasser
Für die erste Aquarienfüllung reicht Leitungswasser, dem Sie ein Wasseraufbereitungsmittel zusetzen. Das Aquarium wird nämlich erst bei eingeschaltetem Filter, Heizer und Licht »eingefahren«, wobei sich das geeignete Aquarienwasser entwickelt. Nur sehr hartes Leitungswasser (→ Die Wasserhärte, Seite 43) sollte zusätzlich weiter aufbereitet werden (Zoofachhändler fragen).

Wenn Sie die Fische zusammen mit dem Aquarium gekauft haben
Wenn man die Fische in ein nicht eingefahrenes Aquarium setzt, fühlen sie sich nicht wohl und können sich nur schlecht eingewöhnen. Ihre Gesundheit kann so stark beeinträchtigt werden, daß sie in kurzer Zeit sterben oder Wochen dahinsiechen können. Außerdem kommen die biologischen Vorgänge, die für ein gesundes Aquarium wichtig sind, nur sehr langsam in Gang. Aber was tun, wenn man, entgegen aller guten Ratschläge, die Fische zusammen mit dem Aquarium gekauft hat oder – was häufig vorkommt – Freunde mit einem Beutel Fische in der Hand freudestrahlend zur Aquarieneinweihung kommen? Dann hilft nur noch ein Notprogramm (→ Seite 17).

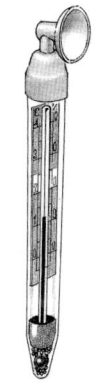

Das Aquarien-Thermometer ist unbedingt notwendig, um die Wassertemperatur zu kontrollieren.

Kriechende Ludwigie (Ludwigia repens).

Wasser-Haarnixe (Cabomba aquatica).

Cabomba piauhyensis.

Wendt's Wasserkelch (Cryptocoryne wendtii).

Herzblättriger Wasserwegerich.

Wasserwegerich-Blüte.

Indischer Wasserwedel.

Pflanzen erfüllen im Aquarium viele Funktionen: Sie unterstützen die Wasserpflege, denn sie produzieren Sauerstoff und verwerten organische Abfallprodukte. Darüberhinaus bieten sie den Fischen Versteckmöglichkeiten und dienen ihnen als Ablaichplätze. Und nicht zuletzt sind sie einfach schön.

Riesenvallisnerie (Vallisneria gigantea).

Barters Speerblatt (Anubias barteri).

PRAXIS
Einrichten

Nachfolgend finden Sie Anleitungen fürs Einrichten eines 60-cm-Beckens. Was Sie an Materialien dafür brauchen, steht auf dem Einkaufszettel auf Seite 10. Wer ein größeres Becken (100 cm = 200 l) haben möchte, findet auf Seite 17 bis 19 ergänzende Einrichtungs- und Bepflanzungstips.

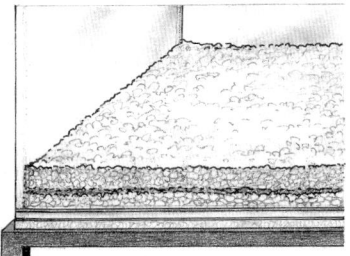

1| Kies und Nährstoff-Pulver (als Grunddünger) einbringen.

Die Pflanzen (je 1 Bund oder Topf):
1 Vallisnerie (Vallisneria spiralis)
2 Barters Speerblatt (Anubias barteri)
3 Wendt's Wasserkelch (Cryptocoryne wendtii)
4 Schwarze Amazonas-Schwertpflanze (Echinodorus parviflorus)
5 Wasser-Haarnixe (Cabomba aquatica), 2 Bund
6 Kriechende Ludwigie (Ludwigia repens)
7 Javafarn (Microsorium pteropus)
8 Neuseelandgraspflanze (Lilaeopsis nova-zelandiae)
9 Walkers Wasserkelch (Cryptocoryne walkeri)
10 Rötliche Amazonas-Schwertpflanze (Echinodorus osiris)

Becken aufstellen und Bodengrund einbringen
Zeichnung 1
Stellen Sie das Aquarium an seinen endgültigen Platz (→ Der richtige Standort, Seite 9). Becken ohne Zierleisten auf eine Styroporunterlage stellen, Aquarien mit Zierleisten immer direkt auf den Unterbau setzen! Auf dem Beckenboden 2 Beutel Kies gleichmäßig verteilen, das Nährstoffpulver als Grunddünger darüberstreuen, die restlichen 4 Beutel Kies hinzufügen.

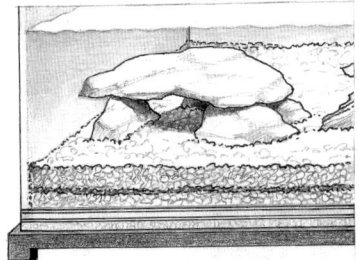

2| Eine Höhle bauen, gegenüber mit Wurzel dekorieren.

Dekorieren und teilweise Wasser einfüllen
Zeichnung 2
Mit den Steinen (Kiesel, Schiefer) im vorderen Teil des Beckens eine Höhle bauen: 3 Steine im Kreis anordnen, fest in den Kies drücken und den größeren, flacheren darauflegen. Auf der gegenüberliegenden Seite die Wurzel in den Bodengrund stecken.
Das Becken zu etwa ⅓ mit Wasser füllen: Zunächst eine Untertasse auf den Kies stellen, einen mit lauwarmem Wasser gefüllten Eimer so hoch neben dem Aquarium plazieren, daß der Wasserspiegel im Eimer höher liegt als der zukünftige im Becken. Dann einen etwa 1,5 m langen Schlauch mit Wasser füllen; am leichtesten geht das an der Wasserleitung oder im gefüllten Waschbecken. Beide Schlauchenden mit den Daumen fest verschließen. Nun ein Schlauchende ins Eimerwasser

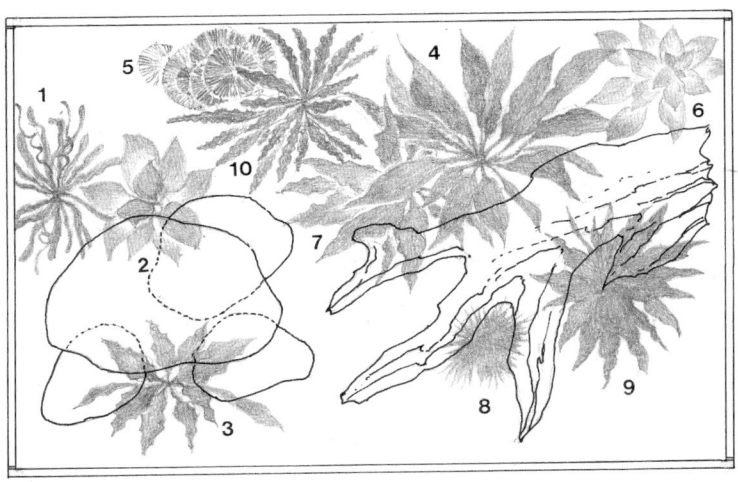

3| Bepflanzungsvorschlag für ein 60-cm-Becken.

tauchen, das andere ins Aquarium auf das Tellerchen gerichtet halten. Daumen loslassen – das Wasser fließt. Den Strahl immer auf die Untertasse halten, damit der Bodengrund nicht aufgewühlt wird. Zum Stoppen des Wasserflusses Schlauchende im Eimer wieder mit dem Daumen verschließen.

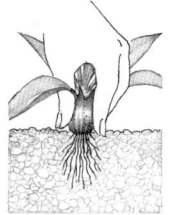

4| *Stengelpflanzen mit Stein beschweren. Für Rosettenpflanzen Pflanzloch bohren, Pflanze so einsetzen, daß der Wurzelansatz frei bleibt.*

Pflanzen plazieren
Zeichnung 3
Diese Zeichnung zeigt einen dekorativen Bepflanzungsvorschlag.

Pflanzen einsetzen
Zeichnung 4
Stengelpflanzen: Bei diesen Pflanzen sitzen die Blätter in so weiten Abständen voneinander, daß man den Stengel dazwischen sehen kann. Zum Einpflanzen die Pflanze flach auf den Kies legen und mit einem Kieselstein beschweren. So verankert, wird die Pflanze aus mehreren Blattachseln gleichzeitig Wurzeln treiben und sehr schnell anwachsen.
Rosettenpflanzen: Diese Pflanzen mit ihren rosettenförmig angeordneten Blättern werden oft in Körbchen mit Steinwolle angeboten. Zum Herausnehmen das Körbchen umdrehen, leicht gegen die Tischkante schlagen und die Pflanze herauslösen. Mit der Schere Wurzeln auf maximal 3 cm Länge kürzen (nie mit den Fingern abknipsen!). Dann mit dem Finger ein Loch in den Kies bohren, Pflanze einsetzen, so daß der Wurzelansatz frei bleibt und das Pflanzloch wieder auffüllen (nie fest andrücken).

Mein Tip: Javafarn mit einem Perlonfaden auf die Wurzel binden. Er wächst dort am besten.

Geräte installieren
Zeichnung 5
Bevor Sie Filter und Regelheizer anbringen, füllen Sie das Becken langsam bis 2 cm unterhalb der Oberkante mit Wasser auf. Dabei Zug um Zug das Wasseraufbereitungsmittel zugeben. Versehentlich herausgespülte Pflanzen nochmals einsetzen.
Filter in der linken hinteren Ecke, Heizer in der rechten hinteren Ecke mit den mitgelieferten

Saugnäpfen installieren. Die Gummisauger des Heizers entsprechend der Markierung im oberen Drittel des Geräts anbringen. Das Thermometer an der linken vorderen Aquarienscheibe befestigen. Rückwand mit Klebestreifen außen am Aquarium ankleben. Die Abdeckung mit der Leuchtstofföhre vorsichtig auf das Aquarium setzen. Gerätestecker einstecken, Licht und Schaltuhr einschalten.
Wichtig: Mit dem Einsetzen der Fische solange warten, bis die Wassertrübung verschwunden ist (→ Seite 16).

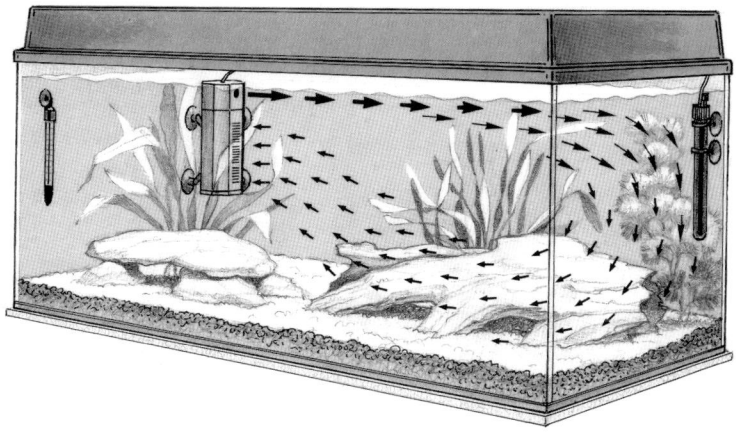

5| *Fertig eingerichtetes Aquarium mit Schaumstoff-Innenfilter (links hinten), Regelheizer (rechts hinten) und Thermometer (links vorne).*

Wie man sieht, tragen die Küssenden Guramis ihren Namen nicht zu unrecht.

Was während der Wartezeit passiert
Das fertig eingerichtete Becken muß, wie gesagt, einige Zeit »eingefahren werden«. Lassen Sie den Filter und die Heizung laufen, stellen Sie die Schaltuhr für die Aquarienbeleuchtung auf einen 12- bis 14-Stunden-Rhythmus ein (von 8 bis 22 Uhr zum Beispiel) – und setzen Sie, solange das Wasser noch trüb ist, keinen einzigen Fisch ein. Den Fischen zuliebe sollten Sie sich gedulden.
Aber auch ohne Fische gibt es in den nächsten Tagen im Aquarium viel zu bestaunen: Das Wasser wirkt trüb, manchmal sogar bräunlich, ist voller Luftbläschen und auf den Scheiben kann ein weißlicher Schleim sitzen. Diese Anzeichen sind völlig normal. Die weitere Entwicklung wird Ihnen zeigen, wie das Wasser zu einem für Fische geeigneten Lebensraum wird.

Die Wassertrübung wird durch den Depotdünger verursacht, der sich löst. Sie wird später durch die Pflanzen und zum Teil durch den Filter abgebaut. Die Fische erst nach Aufklaren einsetzen!
Bräunliches Wasser entsteht häufig durch die als Dekoration eingesetzten Wurzeln. Wurzeln geben nämlich Gerb- oder Huminsäure ab, die das Wasser bräunlich färbt. Das ist nicht weiter schädlich und die Färbung verschwindet später bei den regelmäßigen Wasserwechseln fast völlig.
Weißer Schleim auf den Scheiben ist eine Ansiedlung von Bakterien, die sich durch im Wasser freies Eiweiß ernähren. Dieser Schleim wird später von den Schnecken gefressen oder bei der Scheibenreinigung entfernt. Ein vorsorgliches Scheibenputzen ist nicht notwendig.

Faszinierend zu beobachten, . . .   _die lebhafte Balz der Guramis._

Hilfsprogramm für zu früh eingesetzte Fische

Wenn Sie Ihre Fische zu früh eingesetzt haben und merken, daß sie sich nicht wohlfühlen, sollten Sie folgende Maßnahmen ergreifen:

1. Alle 3 Tage $1/3$ Wasser wechseln, Aufbereitungsmittel zugeben.
2. Überprüfen, ob der Filter noch genügend Wasser durchläßt. Wenn er nur noch tröpfelt, reinigen (→ Die Filterpflege, Seite 49).
3. Wenig und nur Flockenfutter füttern, keinesfalls Frostfutter reichen. Vitamine ins Aquarienwasser geben.
4. Aquarienpflanzen nicht düngen, bis das Becken eingefahren ist.
5. Nach etwa 2 Wochen hat sich das Aquarium sozusagen »beruhigt«. Nun auf normalen Pflegerhythmus übergehen (→ Aquarienpflege leicht gemacht, Seite 43 bis 54).
6. Erst nach weiteren 2 Wochen neue Fische dazusetzen.

Tips fürs Dekorieren eines 100-cm-Beckens

In einem größeren Becken findet zum Beispiel eine zweite, aus Steinen zusammengestellte Höhle Platz. Außerdem können Sie den Bodengrund stufenförmig anlegen. Zusammen mit der Bepflanzung sieht solch eine »Terrasse« sehr dekorativ aus.

So wird die Terrasse angelegt: Die Terrasse wird in der hinteren Hälfte des Beckens gebaut. Man kann sie mit Hilfe von Schiefersteinen basteln: Einen oder mehrere Schiefersteine in etwa 10 bis 15 cm Abstand zur Rückscheibe ins leere Becken legen. Den hinter dem Schiefer liegenden Teil mit Kies höher auffüllen, als die vordere Kiesschicht hoch ist.

Zu den Bildern:
Küssende Guramis (Helostoma temminckii) beim Balzen. Bei diesen Fischen, die zu den Labyrinthfischen gehören, ist das Küssen Bestandteil einer lebhaften Balz. Wenn man genau hinsieht, kann man dabei die Raspelzähne (zum Abraspeln der Algen) hinter den dicken Lippen erkennen.

Außenfilter installieren

Die Installation eines Außenfilters erscheint auf den ersten Blick recht kompliziert. Wenn man jedoch die hier beschriebene Reihenfolge bei den Handgriffen einhält und auf einige Dinge achtet, funktioniert der Filter auf Anhieb. Gehen Sie dabei so vor:

• Filterschläuche am Filtertopf anbringen.

• Filtertopf öffnen und Filtermasse zwischen Filtersiebe oder -kammern füllen (Substrat nicht in Säckchen füllen, keine Filterwatte verwenden).

• Dichtungsring anfeuchten, Motorkopf mit Dichtung auf den Filter setzen und verriegeln.

• Filter mit dem Ansaugrohr verbinden (möglichst über Kupplungen).

• Am Rücklauf entweder mit dem Mund oder einem mechanischen Ansauger kurz ansaugen, um das Was-

ser in den Filtertopf zu bringen (der Filtertopf läuft langsam voll Wasser).

• Rücklauf mit Strahlrohr verbinden. Das Strahlrohr soll unterhalb des Wasserspiegels angebracht werden. Die Düsen müssen dabei so ausgerichtet sein, daß der Wasserstrahl waagerecht von hinten zur Frontscheibe fließt.

• Warten, bis das aufsteigende Wasser die Luft aus dem Filter in den Rücklauf gedrängt hat. Wenn es nicht mehr blubbert, ist die Luft draußen.

• Erst jetzt den Stecker einstecken. Der Filter läuft sofort. Sollte er nun zischende Geräusche von sich geben, so ist das Luft, die aus dem neuen Filtermaterial entweicht. Bei ratternden Motorgeräuschen Stecker nochmals ziehen und wieder einstecken.

Wichtig: Außer zu Pflegemaßnahmen Filter nie abstellen.

Mit Pflanzen gestalten

Wenn Sie sich nicht an die Bepflanzungsvorschläge auf Seite 14 und 19 halten oder später Ihr Aquarium umgestalten möchten, achten Sie bei Pflanzenauswahl und Gestaltung auf folgende grundlegende Dinge:

• Die Haltungsansprüche der Pflanzen sollen in etwa zu den Ansprüchen Ihrer Fische passen.

• Informieren Sie sich über die Wuchsgrößen der gewünschten Pflanzen. In kleinen Becken müssen Sie sonst großwachsende Pflanzen ständig zurückschneiden, was ihnen auf die Dauer nicht bekommt.

• Rasenbildende Pflanzen gehören in den Vordergrund, höherwachsende an die Seiten beziehungsweise in den Hintergrund. Eine sehr dekorative Solitärpflanze (Einzelpflanze) kann auch den Mittelgrund beleben. Achten Sie darauf, die Pflanzen so zu plazieren, daß für die Fische genügend Schwimmraum übrigbleibt.

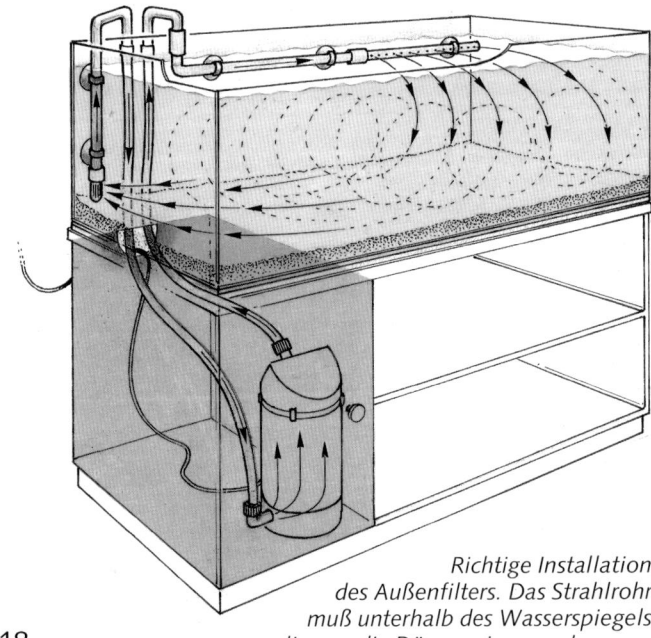

Richtige Installation des Außenfilters. Das Strahlrohr muß unterhalb des Wasserspiegels liegen, die Düsen zeigen nach vorne.

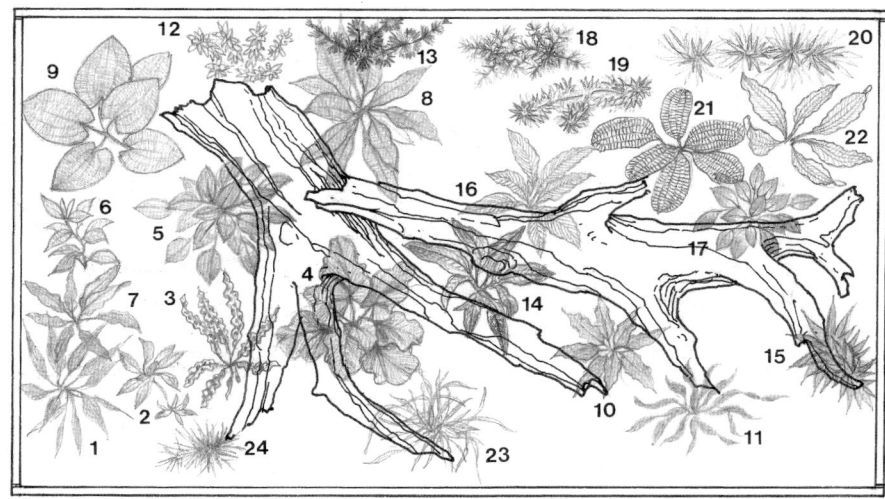

Bepflanzungsvorschlag für ein 100-cm-Becken.

Diese Pflanzen passen in ein 100-cm-Becken (→ Bepflanzungsplan, oben)

1 Nevills Wasserkelch (*Cryptocoryne nevillii*), 10 Bund
2 Grisebachs Amazonas-Schwertpflanze (*Echinodorus grisebachii*), 10 Töpfe
3 Krause Wasserähre (*Aponogeton crispus*) oder Ulvablättrige Wasserähre (*Aponogeton ulvaceus*), 2 Pflanzen
4 Rote Tigerlotus (*Nymphaea zenkeri*), 1 Pflanze
5 Barters Speerblatt (*Anubias barteri var. nana*), 3 Töpfe
7 Walkers Wasserkelch (*Cryptocoryne walkeri*), 3 Bund oder Töpfe
8 Schwarze Amazonas-Schwertpflanze (*Echinodorus parviflorus*), 3 Töpfe
9 Herzblättriger Wasserwegerich (*Echinodorus cordifolius*), 1 Topf
10 Wendt's Wasserkelch (*Cryptocoryne wendtii*), 3 Töpfe
11 Genoppter Wasserkelch (*Cryptocoryne balansae*), 1 Bund

12 Rundblättrige Rotala (*Rotala rotundifolia*), 3 Bund
13 Amerikanische Wasserhecke (*Didiplis diandra*), 3 Bund
14 Javafarn (*Microsorium pteropus*), 2 Töpfe
15 Großer Wasserfreund (*Nomaphila stricta*), 3 Töpfe
16 Barters Speerblatt (*Anubias barteri var. barteri*), 2 Töpfe
17 Afrikanisches Zwergspeerblatt (*Anubias barteri var. nana*), 3 Töpfe
18 Indischer Wasserwedel (*Hygrophila difformis*), 3 Bund
19 Argentinische Wasserpest (*Egeria densa*), 5 Bund
20 Riesenvallisnerie (*Vallisneria gigantea*), 2 Pflanzen
21 + 22 Rötliche Amazonas-Schwertpflanze (*Echinodorus osiris*), 2 Töpfe
23 Zwergpfeilkraut (*Sagittaria subulata var. pusilla*), 5 Bund
24 Neuseelandgraspflanze (*Lilaeopsis novae-zelandiae*), 3 Töpfe

E ine Aquarien-
landschaft wie
sie schöner nicht
sein kann. In einem
solch liebevoll und
großzügig ausge-
statteten Becken
fühlen sich die
Fische wohl. Das
Bild zeigt eine
südamerikanische
Fischgesellschaft
mit Skalaren und
verschiedenen
Salmlern.

Auswahl und Kauf der Fische

Die richtige Auswahl der Fische

Wer die Wahl hat, hat die Qual. Das Angebot an Fischen ist so vielfältig und verlockend, daß es vor allem Aquarien-Neulingen schwerfällt, sich zu beschränken und eine ausgewogene Fischgesellschaft zusammenzustellen. Überbesetzte Becken mit gestreßten, krankheitsanfälligen Fischen sind die Folge.

Die richtige Vergesellschaftung

Man kann Fische nicht ohne weiteres zueinander setzen. Da gibt es Raufbolde, die den Friedfertigen das Leben schwer machen, oder verspielte Fische, die an allem zupfen, was ihnen über den Weg schwimmt und bei schönen, langen Flossen keine Ausnahme machen. Doch nicht nur im Verhalten müssen die Fische zusammenpassen, sondern auch in ihren Ansprüchen an Wasserqualität und Temperatur. In den Besetzungsvorschlägen auf Seite 23 finden Sie beispielhafte Fischgesellschaften. Weitere Anhaltspunkte liefern »die beliebtesten Fische für Aquarien-Neulinge«, Seite 27 bis 38.

Wenn Sie Ihre Fischgesellschaft selbst zusammenstellen, achten Sie auf folgende Dinge:
- Viele Fische haben bevorzugte Lebensräume: Es gibt Fische, die sich gerne in der Nähe der Wasseroberfläche aufhalten, andere im mittleren Bereich und manche in Bodennähe. Informieren Sie sich über die Lebensgewohnheiten der gewünschten Fische und wählen Sie so aus, daß jeder Bereich besetzt ist.

Bevor Sie Fische kaufen, sollten Sie erst die Ausstattung besorgen und das Aquarium einrichten. Es dauert nämlich eine Weile, bis sich ein frisch eingerichtetes Aquarium zu einem für Fische geeigneten Lebensraum entwickelt hat. Für das tropische Süßwasseraquarium brauchen Sie neben dem Becken Beleuchtung, Heizer, Filter, Dekorationsmaterialien und sonstiges Zubehör.

- Die weitverbreitete Regel »1 cm Fischlänge pro 1,5 bis 2 l Wasser« ist mit Vorsicht zu genießen. 30 Rote Neon zum Beispiel, die ausgewachsen 3 cm lang sind, beanspruchen genauso viel Platz wie 1 Paar Purpurprachtbarsche. Der Kotanfall, also das Entsorgungsproblem, ist ebenfalls identisch.
- Informieren Sie sich genau über die Lebensansprüche der einzelnen Fischarten (→ Die beliebtesten Fische für Aquarien-Neulinge, Seite 27 bis 38, weiterführende Literatur → Seite 63).
- Nicht alle Fische gleichzeitig einsetzen, sondern in kleineren Partien (→ Der Kauf der Fische, Seite 24).

Wo Sie Fische bekommen

Der Zoofachhandel bietet das ganze Jahr über in großer Auswahl Fische an. In der Regel finden Sie dort gut geschultes Personal, das bei allen Problemen Hilfestellung leisten und Sie beraten kann.

Freunde, die zum Beispiel Jungfische abzugeben haben oder ihre Fischgesellschaft verändern möchten, kommen als Bezugsquelle nur in Frage, wenn deren Aquarien sauber und gepflegt sind und die Wasserwerte mit Ihrem Aquarium übereinstimmen. Eine veränderte Wasserqualität vertragen Fische sehr schlecht.

Die lateinischen Fischnamen

Seit der schwedische Naturforscher Carl Linné die sogenannte Binominale Nomenklatur (Bezeichnung mit zwei Namen) einführte, wird jedes Lebewesen – ob Tier oder Pflanze – in fol-

Besetzungsvorschläge 60 x 30 x 30 cm-Aquarium

	3. bis 10. Tag nach Einrichten des Beckens:	Nach weiteren 10 Tagen:	Nach weiteren 4 Wochen:
1. Vorschlag:	3 Rüsselbarben 1 Antennenwels	7 Neon 5 Schwarze Phantomsalmler (2 Männchen, 3 Weibchen) 5 Keilfleckbärblinge 2 Zwergfadenfische (1 Paar) 3 Panzerwelse	4 Guppies oder 4 Platies (2 Paare)
2. Vorschlag:	3 Rüsselbarben 1 Antennenwels	7 Zebrabärblinge 5 Sumatrabarben 3 Brokatbarben 3 Panzerwelse 2 Purpurprachtbarsche (1 Paar)	4 Platies oder 4 Black Mollys (2 Paare)
3. Vorschlag:	3 Rüsselbarben 1 Antennenwels	7 Zebrabärblinge 5 Trauermantelsalmler 3 Panzerwelse	4 Platies (2 Paare) 4 Guppies (2 Paare) 2 Black Mollys (1 Paar)
4. Vorschlag:	3 Rüsselbarben 1 Antennenwels	7 Schwarze Neon 5 Schmucksalmler oder Rote Phantomsalmler 3 Panzerwelse	3 Siamesische Kampffische (1 Männchen, 2 Weibchen) oder 2 Schmetterlings- buntbarsche (1 Paar)

Oberflächenfisch: Bärbling.

Bewohner der mittleren Beckenregion: Sumatrabarbe.

Besetzungsvorschläge 100 x 40 x 50 cm-Aquarium

1. Vorschlag:	4 bis 6 Rüsselbarben 1 Antennenwels	25 Neon oder Rote Neon 7 Kirschflecksalmler 5 Kongosalmler 1 Feuerschwanz 7 Moosgrüne Sumatrabarben 10 Panzerwelse	6 Schmetterlingsbunt- barsche (3 Paare) oder 2 Purpurprachtbarsche (1 Paar) Nach weiteren 2 Wochen: 3 Skalare
2. Vorschlag:	4 bis 6 Rüsselbarben 1 Antennenwels	25 Keilfleckbarben 10 Kaisersalmler 10 Schrägschwimmer 3 Prachtschmerlen 4 Blaue Fadenfische (2 Paare) 10 Panzerwelse	6 Schmetterlingsbunt- barsche (3 Paare) Nach weiteren 2 Wochen: 3 Skalare

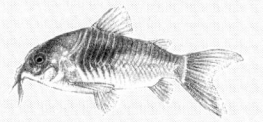

Bodenbewohner: Panzerwels.

Zu den Bildern:
Bei den Siamesi-
schen Kampffischen
(Betta splendens)
sind die erwachse-
nen Männchen
untereinander sehr
aggressiv. Sie
bekämpfen sich bis
zum Tod. Deswegen
darf man niemals
zwei Männchen in
ein Becken setzen.
Gegenüber anderen
Fischen (mit kurzen
Flossen) sind sie
jedoch friedlich.

Siamesischer Kampffisch – schillernde Farbenpracht.

gender Weise klassifiziert: Der erste Name gibt die Gattung an, zu der ein Lebewesen gehört. Der zweite Name bezeichnet die Art innerhalb der Gattung. Der Rote Neon zum Beispiel trägt den lateinischen Namen *Paracheirodon axelrodi*. Zweck dieser Namensgebung ist es, Verwechslungen weltweit auszuschließen, da es sowohl in der deutschen wie auch in anderen Sprachen die unterschiedlichsten Bezeichnungen für denselben Fisch gibt. Sich die lateinischen Namen zu merken oder beim

Kauf zu nennen, ist in jedem Fall wichtig, auch wenn es bei den Fischen leider immer wieder Umbenennungen gibt. So hieß der Rote Neon früher *Cheirodon axelrodi*. Die meisten Zoofachhändler kennen aber sowohl die alten, als auch die neuen Namen.

Der Kauf der Fische
In einem neu eingerichteten Aquarium sollten Sie die Fische nacheinander in mehreren Partien kaufen. Nach der Einlaufzeit (je nach Größe des Beckens

Eine beeindruckende Persönlichkeit im Aquarium ist diese rote Zuchtform des Siamesischen Kampffisches.

3 bis 10 Tage) kommen zunächst einmal Algenfresser wie Rüsselbarben oder Antennenwelse als Putzkommando dran. Die weiteren Fische werden am besten jeweils in einem Abstand von 10 bis 14 Tagen in zwei Partien eingesetzt. <u>Mein Tip:</u> Vorsichtige Aquarianer halten neu gekaufte Fische etwa 4 Wochen lang in Quarantäne. Das Quarantänebecken muß genauso komplett eingerichtet sein wie das Gesellschaftsbecken, es dürfen aber keine anderen Fische darin sein.

<u>Tips zum Fischkauf</u>
- Kaufen Sie Fische nur aus gut gepflegten Aquarien (klares Wasser, saubere Scheiben, kein toter Fisch im Wasser).
- Kaufen Sie ruhig junge Fische, auch wenn sie kleiner und farbloser sind.
- Nicht zu den Hauptverkaufszeiten kaufen. Der Verkäufer hat dann mehr Zeit für die Beratung, und die Fische sind weniger gestreßt.
- Achten Sie auf eventuelle Krankheitszeichen wie weiße, grießkornartige

Pünktchen, watteartige, weiße Beläge, zerfranste Flossen oder trübe Haut (→ Krankheitszeichen, Seite 55).

• Mehrmals kommen und beobachten, wie sich die Fische im Laufe der Tage verhalten. Gesunde Fische schwimmen munter umher und sind nicht scheu. Gut wäre es, wenn Sie bei einer Fütterung dabei sein und beobachten könnten, wie die Fische fressen. Gesunde Fische fressen zügig.

Der Transport

Der Zoofachhändler verpackt die Fische in einem zur Hälfte mit Wasser gefüllten Plastikbeutel. Zur Isolierung wird eine Schicht Zeitungspapier darumgeschlagen. Nun sollten Sie sich auf dem schnellsten Weg nach Hause begeben. Der Transport setzt die Tiere nämlich unter großen Streß und je kürzer Sie ihn gestalten, desto besser. Achten Sie darauf, daß Sie den Beutel waagerecht tragen, dann haben die Fische mehr Schwimmraum. Außerdem gelangt durch die größere Wasseroberfläche mehr Sauerstoff ins Wasser.

Fische einsetzen

Fische sind sogenannte wechselwarme Tiere, deren Körpertemperatur sich der Außentemperatur angleicht. Plötzliche Temperaturveränderungen vertragen sie schlecht. Setzen Sie sie deshalb nicht sofort ins Becken ein, sondern legen Sie den geschlossenen Beutel erst einmal aufs Wasser. Warten Sie nun eine Weile, bis sich die Wassertemperatur im Transportbeutel dem des Aquariums angeglichen hat. Das ist nach frühestens 15 Minuten der Fall.

Öffnen Sie nun den Beutel und mischen Sie langsam das Transport- mit dem Aquarienwasser: Mit einem Becher Aquarienwasser zugießen, bis der Beutel voll ist. Anschließend die Tüte kippen und die Fische herausschwimmen lassen.

Fische einsetzen. Den geschlossenen Transportbeutel erst eine Weile aufs Wasser legen, bis sich die Temperatur im Beutel dem des Wassers angeglichen hat.

Die beliebtesten Anfängerfische

Im folgenden stelle ich Ihnen eine kleine Auswahl besonders leicht zu pflegender Fische vor, die gut im Gesellschaftsbecken bei einer durchschnittlichen Temperatur von 24 bis 26 °C und einem pH-Wert von 6,5 bis 7,5 gehalten werden können. Bei Fischen, bei denen genauere Angaben nötig sind, finden Sie diese unter dem Stichwort Pflege. Sie erfahren jeweils etwas über die Fisch-Familien und Genaueres über verschiedene Arten. Außerdem gibt es Tips, wer sich mit wem gut vergesellschaften läßt. Die angegebenen Größen sind Erfahrungswerte von im Aquarium gehaltenen Fischen; in freier Natur werden Fische größer.

Erläuterung der Stichworte
Pflege: Hier erhalten Sie Auskunft über besondere Ansprüche der Fische in Bezug auf Beckengröße und Dekoration. Die cm-Angaben beziehen sich auf die Länge des Aquariums.
Futter: Normalerweise reicht Trockenfutter als Grundnahrung aus. Manche Fische schätzen jedoch besondere Leckerbissen.
Spezielle Tips zu empfehlenswerten Arten: Hier erfahren Sie, wieviel Fische einer Art Sie ins Becken setzen sollten (Schwarm oder Pärchen) und lernen interessante, artspezifische Verhaltensweisen kennen.

Lebendgebärende Zahnkarpfen
Familie *Poeciliidae*

Die Lebendgebärenden Zahnkarpfen gehören zu den beliebtesten Aquarienfischen. Fast jeder »alte Hase« unter den Aquarianern hat mit ihnen seine Laufbahn begonnen, denn die Arten und Zuchtformen dieser Familie sind hübsch, robust und vermehrungsfreudig. Kennzeichnend für diese Fische ist die Tatsache, daß sie lebende Junge zur Welt bringen. Bei den Männchen ist die Afterflosse zu einem Begattungsorgan, dem sogenannten Gonopodium umgebildet. Bei der Paarung wird dies in die Geschlechtsöffnung des Weibchens eingeführt und überträgt ein Samenpaket. Ein Teil des Samens befruchtet die im Weibchen ausgebildeten Eier, ein Teil kann für spätere Eiserien vom Weibchen gespeichert werden. Der dunkle Trächtigkeitsfleck läßt die befruchteten Eier sichtbar werden. Die Jungen entwickeln sich in den Eiern innerhalb der Mutter, bis sie bei der Geburt die Eihüllen sprengen und als fertige Jungfische ins freie Wasser gelangen.
Pflege: In Becken ab 60 cm. Lockere Rand- und Hintergrundbepflanzung, genügend freier Schwimmraum. Teilweise Bedeckung der Wasseroberfläche mit Schwimmpflanzen. Kein weiches, saures Wasser, deshalb nicht zu viel Wurzeln und keine Torfextrakte ins Becken geben. PH-Wert am besten über 7. Möchte man die Jungen aufziehen, sollte man sie mit einem besonders engmaschigen Netz von der Wasseroberfläche abschöpfen und in einen

Die Argentinische Wasserpest (Egeria densa) ist ein guter Sauerstoffspender. Sie muß öfters gekürzt werden.

Black Molly (Poecilia sphenops).

Schwertträger (Xiphophorus helleri).

Zebrabärblinge (Brachydanio rerio).

Paradiesfisch (Macropodus opercularis).

Feuerschwanz (Labeo bicolor).

Schönflossige Rüsselbarbe (Epalzeorhynchus kallopterus).

Platy (Xiphophorus maculatus).

Diese Fotos zeigen beliebte Aquarienfische, mit denen ein Anfänger gut zurechtkommt: Black Molly, Schwertträger und Platy gehören zu den Lebendgebärenden Zahnkarpfen, Zebrabärblinge und die Schönflossige Rüsselbarbe zu den Barben, Feuerschwanz und Prachtschmerle zu den Schmerlen und Fransenlippern.

Prachtschmerle (Botia macracantha).

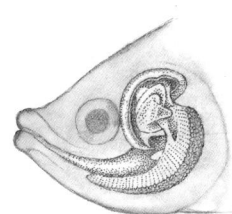

Labyrinthorgan eines Labyrinthfisches. Mit Hilfe dieses Organs können die Fische auch Luft über dem Wasserspiegel aufnehmen. Labyrinther pressen die eingeatmete Luft in dieses Organ, wo der Sauerstoff entnommen wird.

Ablaichkasten (im Zoofachhandel erhältlich) überführen. Sie werden sonst von größeren Fischen gefressen. Größere Laichkästen eignen sich auch dazu, die Mutter vor dem Ablaichen hineinzusetzen und die Kleinen dort zur Welt kommen zu lassen.

<u>Futter:</u> Abwechslungsreiches Flockenfutter, unbedingt Mückenlarven (gefroren) zufüttern. Für die Jungfische spezielles Mikrofutter reichen.

Spezielle Tips zu empfehlenswerten Lebendgebärende Zahnkarpfen-Arten

Guppy *(Poecilia reticulata)*, → Fotos, Titelseite, Seite 8 und 9: Männchen 3 bis 4 cm, Weibchen bis 6 cm groß. Manche Zuchtformen etwas größer. Lebhafter Schwimmer, der die kleine Gruppe (4 bis 6 Artgenossen) schätzt. Die Männchen bedrängen die Weibchen dauernd, deshalb möglichst mehr Weibchen als Männchen halten. Langschwänzige Arten neigen zu Flossenfäule und Pilzbefall. Solche Formen nicht mit Flossenzupfern (zum Beispiel Sumatrabarbe) zusammenhalten, da die langsamen Guppy-Männchen sonst kümmern.

Schwertträger *(Xiphophorus helleri)*, → Foto, Seite 28: 5 bis 7 cm groß. Besonders die Männchen lebhaft und temperamentvoll. Mehrere Männchen sieht man häufig voreinander imponieren. Wie beim Guppy bedrängen die Männchen oft die Weibchen sehr intensiv, weswegen mehr Weibchen als Männchen zusammengehalten werden sollten (im Meterbecken zum Beispiel 2 Männchen mit 4 bis 6 Weibchen). Nützlicher Algenvertilger.

Platy *(Xiphophorus maculatus)*, → Foto, Seite 29: Männchen 2 bis 3 cm, Weibchen 3 bis 4 cm groß. Lebhafter Fisch, der gern in kleinen Trupps (5 bis 7 Fische) lebt. Zupft Algen von Dekoration und Pflanzen.

<u>Ähnlich zu pflegen:</u> Papageienplaty *(Xiphophorus variatus)*. Platy und Schwertträger sind nahe verwandt. Verpaaren sie sich, ergeben sich überraschende Farbspielarten.

Spitzmaulkärpfling, Black Molly *(Poecilia sphenops)*, → Foto, Seite 28: Lebendiger, 4 bis 6 cm großer Fisch, der gerne in einer kleinen Gruppe (4 bis 6 Artgenossen) lebt und das ganze Aquarium nach Algen absucht. Vermehrungsfreudig. Empfindlich gegen zu weiches Wasser und pH-Werte unter 7. <u>Ähnlich zu pflegen:</u> Segelkärpfling *(Poecilia velifera)*, 5 bis 7 cm groß, als Algenfresser einsetzbar.

Labyrinthfische
Unterordnung *Anabantoidei*

Ihren Namen tragen diese farbenprächtigen Fische wegen eines spezialisierten Organs im hinteren Kopfbereich, dem Labyrinthorgan (→ Zeichnung, links). Mit dessen Hilfe können die meist in sauerstoffarmen Gewässern lebenden Fische auch atmosphärischen Sauerstoff aufnehmen. Wegen ihrer langen Bauchflossenfäden, die ihnen als Tastorgane dienen, nennt man sie auch »Fadenfische«.

Bemerkenswert ist ihre Fortpflanzung: Die Männchen der meisten Arten bauen recht kompakte Schaumnester an der Wasseroberfläche (→ Zeichnung, Seite 31). Dazu nehmen sie Luftbläschen von der Beckenoberfläche, umgeben sie im Maul mit einem klebrigen Schaumsekret und spucken sie schließlich an die Wasseroberfläche. Dort türmt sich bald eine richtige Schaumburg, in die dann die Eier gelegt und bis zum Schlüpfen vom Männchen betreut werden. Können gut paarweise gehalten werden.

<u>Pflege:</u> In Becken ab 60 cm möglich, besser ab 80 cm. Dichte Randbepflan-

zung mit einer teilweisen Schwimmpflanzendecke. Starke Strömung vermeiden. Labyrinther sind bis auf den Makropoden (*Macropodus opercularis*) wärmeliebend, weshalb 25 °C die untere Grenze darstellt.

Futter: Trockenfutter, zur Abwechslung gefrorenes Lebendfutter.

Spezielle Tips zu empfehlenswerten Labyrinthfisch-Arten

Zwergfadenfisch (*Colisa lalia*), → Fotos, Seite 36, 37 und 56: Ruhiger, 4 cm großer Fisch, der sich meist in der oberen Beckenregion aufhält. Darf nur mit kleinen Schwarmfischen oder bodenbewohnenden Fischen vergesellschaftet werden, die nicht an den langen Bauchflossenfäden zupfen. Männchen kräftig gefärbt, Weibchen sind blasser.

Ähnlich zu pflegen: Der wunderschöne Honigfadenfisch (*Colisa chuna*), 2 bis 3 cm groß. Sollte nicht mit zu lebhaften Fischen vergesellschaftet werden.

Blauer Fadenfisch (*Trichogaster trichopterus*), → Foto, Seite 57: Bis 10 cm große, recht robuste Art, die sich auch gegen gleichgroße Fische im Gesellschaftsbecken gut behaupten kann. Nur in Becken ab 80 cm halten.

Ähnlich zu pflegen: Küssender Gurami (*Helostoma teminckii*), → Fotos, Seite 16 und 17, 10 cm groß, braucht Becken ab 1 m; Mosaikfadenfisch (*Trichogaster leeri*), 10 cm, sollte nicht mit lebhaften Fischen wie zum Beispiel Sumatrabarben vergesellschaftet werden.

Paradiesfisch, Makropode (*Macropodus opercularis*), → Foto, Seite 28: Robustester Labyrinther, 6 bis 8 cm groß. In Becken ab 80 cm halten. Kann anderen Zierfischen, die sehr langsam sind, manchmal als Störenfried lästig werden. In einem 80-cm-Becken deshalb nur 1 Paar halten.

Weibchen haben kürzere Flossen und sind etwas plumper als Männchen.

Siamesischer Kampffisch (*Betta splendens*), → Fotos, Seite 24 und 25: 7 cm groß. Wie der Name schon sagt, sind Kampffische, allerdings nur die Männchen, untereinander sehr aggressiv. Es darf deshalb nur 1 Männchen pro Becken gehalten werden. Zu einem Kampffischmännchen sollte man mehrere Weibchen gesellen, da eines alleine oft gejagt wird. Gegenüber

Ein Paradiesfisch-Männchen baut ein Schaumnest. Hierein werden später die Eier gelegt.

anderen Beckenmitbewohnern — soweit diese keine ähnlichen Flossenschleier haben — sind Kampffische aber friedlich und somit gut im Gesellschaftsaquarium zu halten.

Barben und Bärblinge

Ordnung *Cypriniformes*

Barben verdanken ihren Namen den kurzen Bartfäden (lateinisch: *barba* = Bart), die bei vielen Arten als Tastorgane links und rechts vom Maul, manchmal auch zusätzlich auf den Lippen, ausgebildet sind. Durch ihre Farbenpracht und ihr flinkes Wesen beleben sie ein Gesellschaftsbecken ungemein. Kleinere Arten sollten nicht mit

Fische verständigen sich untereinander durch Duftstoffe, Bewegungen, durch Änderung ihrer Farbmuster und sogar durch Töne. Bei manchen Aquarienfischen sind diese so laut, daß sie für das menschliche Ohr wahrnehmbar sind. Es klingt wie Knurren, Quietschen oder Klicken (beim knurrenden Gurami). Der Paradiesfisch zum Beispiel schmatzt hin und wieder laut und vernehmlich.

den robusteren größeren Arten zusammen gehalten werden, da die kleineren sonst kümmern.

Pflege: In Becken ab 60 cm. Dichte Randbepflanzung und teilweise Abschattung durch Schwimmpflanzen. Viel freier Schwimmraum. Dunklerer Bodengrund und Wurzeln betonen die Schönheit dieser Fische. Empfindlich reagieren sie auf pH-Werte über 7,5. Ideal wäre ein pH-Wert von 6,5.

Futter: Alle üblichen Futtersorten.

Spezielle Tips zu empfehlenswerten Barben-Arten

Keilfleckbärbling (Rasbora heteromorpha), → Foto, Seite 41: 2,5 cm großer Schwarmfisch, der erst in einer Gruppe von 7 bis 10 Tieren zur Geltung kommt. Munterer, friedlicher Fisch, der nicht mit zu ruppigen, größeren Schwarmfischen zusammengehalten werden sollte. PH-Wert nicht über 7.

Ähnlich zu pflegen: Falscher Keilfleckbärbling (Rasbora hengeli), 2,5 cm.

Sumatrabarbe (Puntius tetrazona): 4 cm groß. Schwarmfisch, wobei in einem Trupp von 5 bis 7 Tieren das größte Männchen »den Ton angibt«. Lebhafte, robuste Art, die den ganzen Tag unterwegs ist. Nicht für die Vergesellschaftung mit ruhigen kleinen Fischen oder mit Fischen, die langsam sind und lange Flossen haben (Skalare, Fadenfische) geeignet. Sumatrabarben zupfen dauernd an deren Flossen.

Ähnlich zu pflegen: Einige Zuchtformen, zum Beispiel die Moosgrüne Sumatrabarbe, → Foto, Seite 41.

Zebrabärbling (Brachydanio rerio), → Foto, Seite 28/29: 3 cm großer, quicklebendiger Schwarmfisch, der sich erst in einem größeren Schwarm (7 bis 8 Fische, besser mehr) wohlfühlt. Hält sich gerne unter der freien, hellen Wasseroberfläche auf. Ideal zu vergesellschaften mit allen Fischen, außer ruhi-

gen Oberflächenfischen. Die Art laicht auch im Gesellschaftsbecken ab. Sofern ein Schwimmpflanzenteppich einen kleinen Teil der Wasseroberfläche bedeckt, werden einige Jungfische auch hochkommen. Sie können sich dann vor Nachstellungen anderer Beckenbewohner sichern.

Brokatbarbe (Buntius semifasciolatus var.), → Foto, Seite 40: 5 cm großer, lebhafter Schwarmfisch, der in kleinen Trupps (4 bis 6 Tiere) gepflegt werden sollte. Die Art ist in Bodennähe rastlos unterwegs auf Nahrungssuche. Idealer Gesellschaftsfisch für nicht zu ruhebedürftige Mitbewohner.

Ähnlich zu pflegen: Bitterlingsbarbe (Puntius titteya), 3 cm groß, etwas anspruchsvoller, nicht so lebhaft; Purpurkopfbarbe (Puntius nigrofasciatus), 5 bis 6 cm groß, Männchen wesentlich intensiver gefärbt als Weibchen.

Schönflossige Rüsselbarbe (Epalzeorhynchus kallopterus), → Foto, Seite 29: Diese 7 bis 10 cm große Art sollte in Becken ab 80 cm gehalten werden. Rüsselbarben brauchen Unterstände in Form von Wurzeln, die ihnen Schutz beim Ausruhen bieten. Ansonsten anspruchslos. Einer der wichtigsten Algenvernichter. Als Jungfische gesellig, mit zunehmendem Alter aber revierbildend und untereinander ein wenig aggressiv.

Ähnlich zu pflegen: Siamesische Rüsselbarbe (Epalzeorhynchus siamensis), 7 bis 10 cm groß.

Skalar-Pärchen (Pterophyllum scalare) ▷
mit Gelege. Skalare sind paarbildend, ein Pärchen bleibt oft ein Leben lang zusammen. Die Partner suchen sich eine Ecke des Aquariums als Revier aus und verteidigen es.

Welse
Ordnung *Siluriformes*

Welse sind auf der ganzen Welt heimisch und leben in allen Gewässerebenen. Sie sind im Laufe ihrer Stammesgeschichte sehr anpassungsfähig gewesen und haben verschiedenste ökologische Nischen besetzt. Im Aquarium machen Welse sich meistens als »Müllabfuhr« nützlich, weil sie – je nach Art – Algen und Futterreste verputzen.
<u>Pflege:</u> In Becken ab 60 cm. Mit Schwimmpflanzen teils abschatten. Unterstände mit Wurzeln und Steinhöhlen. Freier Raum in Bodennähe.
<u>Futter:</u> Allesfresser.

Spezielle Tips zu empfehlenswerten Wels-Arten
Metallpanzerwels *(Corydoras aeneus)*, → Foto, Seite 45: 5 cm groß. Bodenbewohner, der gerne im Trupp (3 bis 5 Fische) unterwegs ist und den Beckenboden nach Freßbarem absucht. Zur gezielten Fütterung Futtertabletten.

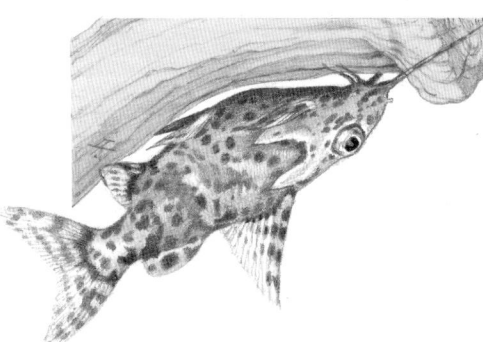

Ein Rückenschwimmender Kongowels sucht eine Wurzel nach Freßbarem ab.

<u>Ähnlich zu pflegen:</u> Gefleckter Panzerwels *(Corydoras paleatus)*, 5 cm groß; Zwergpanzerwels *(Corydoras cochui)*, 3 cm, immer im Schwarm halten.

Rückenschwimmender Kongowels *(Synodontis nigriventris)*: 7 cm groß. In Becken ab 80 cm pflegt man 3 bis 5 Tiere. Brauchen mehrere Unterstände, die aber meist von nur 2 Tieren geteilt werden. Schwimmt, wie der Name schon sagt, auf dem Rücken. Frißt – für Welse ungewöhnlich – unter der Wasseroberfläche.
Blauer Antennenwels *(Ancistrus species aff. dolichopterus)*: Männchen bis etwa 12 cm groß, Weibchen kleiner (gilt für diese Art, andere *Ancistrus*-Arten werden bis etwa 20 cm groß). Effektivster Fensterputzer (Algenfresser) im Aquarium. Einzelgänger. Braucht eine eigene Höhle, die er gegen Eindringlinge verteidigt. Außerhalb der Höhle jedoch äußerst friedlich. Die Männchen entwickeln einen imposanten Kopfschmuck aus verzweigten »Antennen«.

Buntbarsche
Familie *Cichlidae*

Buntbarsche sind die Fische »mit Charakter« im Gesellschaftsbecken. Sie besetzen Reviere, bilden bei vielen Arten feste Paare und laichen auch im Gesellschaftsbecken regelmäßig. Die Brut wird aufopfernd gepflegt und gegen mögliche Feinde verteidigt. Die hier vorgestellten Arten bleiben dabei aber trotzdem noch so zurückhaltend, daß andere Fische problemlos vergesellschaftet werden können.
<u>Pflege:</u> In Becken ab 60 cm. Man kann einen Teil der Jungen im Gesellschaftsbecken aufziehen, wenn man Mikrofutter (in geringen Mengen) mit einem dünnen PVC-Rohr gezielt in den Jungfischschwarm spritzt.
<u>Futter:</u> Allesfresser.

Spezielle Tips zu empfehlenswerten Buntbarsch-Arten

Purpuprachtbarsch *(Pelvicachromis pulcher)*, → Foto, Seite 45: Männchen manchmal bis 10 cm, Weibchen erheblich kleiner (roter Bauchfleck). Am besten 1 Paar im 80-cm-Becken halten. Braucht als Revierzentrum eine Höhle. Auch wenn man nur ein Paar pflegt, sollten zwei Höhlen in deutlichem Abstand vorhanden sein, damit im Falle eines Ehekrachs das kleinere Weibchen eine Rückzugsmöglichkeit findet.

Kakadu-Zwergbuntbarsch *(Apistogramma cacatuoides)*, → Foto, Seite 45: Männchen 6 bis 8 cm, Weibchen bis 5 cm groß. Man hält immer ein Männchen mit mehreren Weibchen (im 60er Becken 2, im 80er 3). Jedes Tier braucht seine eigene Höhle, die in genügendem Abstand zur nächsten liegen muß. Polygam, das heißt, ein Männchen verpaart sich mit mehreren Weibchen.

Glänzender Zwergbuntbarsch *(Nannacara anomala)*: Weibchen mit Schachbrettmuster, Männchen blau und meist doppelt so groß wie das circa 5 cm große Weibchen. Außerhalb der Laichzeit friedlich; nach dem Ablaichen sind die Weibchen streitsüchtig, da um die Brut besorgt.

Skalar *(Pterophyllum scalare)*, → Fotos, Seite 5 und 33: Bis 15 cm groß, etwa 20 cm hoch. Braucht Becken ab 80 cm mit einer Mindesthöhe von 50 cm. Wichtigste Einrichtungsgegenstände sind lange, hohe Strukturen, zum Beispiel Blätter der Amazonas-Schwertpflanze oder Arten von Barters Speerblatt. Die Skalare stehen dann ruhig zwischen den Pflanzen auf Beobachtungsposten. Leben in Gruppen, wobei die Einzeltiere einen geringen Abstand zueinander einhalten. Ruhige Fische, die keine lebhafte Gesellschaft vertragen. Am besten pflegt man sie in einer kleinen Gruppe von 4 bis 6 Tieren in einem Meterbecken, das mit anderen ruhigen Fischen besetzt ist, zum Beispiel Neon, Kongosalmler, Black Molly. Nicht mit Flossenzupfern vergesellschaften.

<u>Hinweis:</u> Der faszinierende Diskus-Fisch *(Symphysodon discus)*, dessen farbenprächtige Schönheit alle Aquarianer fasziniert, sollte von Anfängern nicht gehalten werden. Er ist äußerst schwierig zu pflegen.

Schmetterlingsbuntbarsch *(Papiliochromis ramirezi)*, → Foto, Umschlagseite 2: Bis 5 cm groß. Friedlichster Buntbarsch. Schmetterlingsbuntbarsche bilden feste Paare und besetzen ein kleines Revier. Besonders hübsch ist es, in einem genügend großen Becken (ab 60 cm Länge) 2 Paare zu halten, die dann an ihren Reviergrenzen häufig voreinander imponieren.

Salmler

Ordnung *Characiformes*

Salmler sind Schwarmfische, die in der Natur in gemischten oder separaten Schwärmen durchs Wasser ziehen. Sie sind gewandt und oft sehr farbenprächtig. Ohne die Gesellschaft von Artgenossen kümmern sie. Ein typisches Kennzeichen dieser Fischfamilie ist die Fettflosse, eine kleine Flosse auf dem Schwanzstiel.

<u>Pflege:</u> In Becken ab 60 cm. Dichte Randbepflanzung und teilweise Abschattung durch Schwimmpflanzen.

<u>Futter:</u> Trockenfutter, zur Ergänzung Mückenlarven als gefriergetrocknetes oder Frostfutter mit Vitaminen.

Spezielle Tips zu empfehlenswerten Salmler-Arten

Neon *(Paracheirodon innesi)*, → Foto, Seite 45: 3 cm groß. Kommt erst im großen Schwarm zur Geltung, daher mindestens 10 Tiere pflegen.

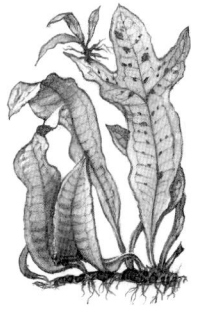

Der Javafarn (Microsorium pteropus) wurzelt am besten auf Holz oder Steinen. Das Rhizom deshalb nicht einpflanzen, sondern auf Wurzeln oder Steine aufbinden. Es wächst von selbst an.

Ein Zwergfadenfisch-Männchen (Colisa lalia) baut ein Schaumnest.

Zu den Bildern:
Typisches Fortpflan-
zungsverhalten bei
Labyrinthfischen.
Nach dem Bau des
Schaumnestes balzt
das Männchen ein
laichbereites Weib-
chen an. Wenn es
ihm unter das Nest
folgt, umschlingt
das Männchen es
und dreht es dabei
auf den Rücken. Das
Weibchen gibt
einige Eier ab, die
vom Männchen
besamt und ins Nest
gespuckt werden.

Besonders wichtig ist eine »dunkle« Gestaltung des Beckens, sonst wirken die Tiere blaß. Zur Abdunklung des Bodengrunds *Anubias nana* als Bodendecker pflanzen. Wurzeln, dichte Randbepflanzung und eine teilweise Schwimmpflanzendecke.

<u>Ähnlich zu pflegen:</u> Roter Neon (*Paracheirodon axelrodi*) → Foto, Seite 48, 3 cm groß; Glühlichtsalmler (*Hemigrammus erythrozonus*), 4 cm groß.

Kongosalmler (*Phenacogrammus interruptus*), → Foto, Seite 44: Männchen 7 cm, Weibchen 5 bis 6 cm groß. In Becken ab 80 cm kleinen Schwarm von 6 bis 8 Tieren halten. In heller Umgebung kommen die bläulich irisierenden Farbtöne nicht zur Geltung. Friedlicher, ruhiger Schwarmfisch, der keine hektische Gesellschaft mag. Männchen haben langausgezogene Rücken-, Schwanz- und Afterflossen mit leuchtend weißen Rändern. Besser nicht mit Flossenzupfern zusammenhalten (ist aber schnell und kann sich wehren).

<u>Ähnlich zu pflegen:</u> Langflossensalmler (*Alestes longipinnis*), 13 cm groß, braucht großes Becken.

Trauermantelsalmler (*Gymnocorymbus ternetzi*): 2 bis 4 cm groß. Ruhiger Schwarmfisch, bewohnt mittlere Beckenregion. Als Heranwachsender ist er noch lebhafter. Besonderheit: Die runde Körperform und die schwarze Grundfarbe bilden einen schönen Kontrast zu schlanken, bunten Fischen wie zum Beispiel dem Neon.

<u>Ähnlich zu pflegen:</u> Rotaugenmoenkhausia (*Moenkhausia sanctae-filomenae*) → Foto, Seite 44, 5 cm groß, bewohnt obere Beckenregion.

Schrägschwimmer (*Thayeria boehlkei*): 4 cm groß. Besiedelt in kleinem Schwarm die obere Beckenregion. Wie

Balz und Ablaichen...   *finden unter diesem Nest statt.*

der Name schon sagt, schwimmt dieser Fisch in Schräglage und bildet so einen schönen Kontrast zu allen »geraden« schwimmenden Fischen. Nicht mit den sogenannten »Schrägstehern« *(Nannobrycon eques)* zu verwechseln, die etwas anspruchsvoller in bezug auf die Wasserqualität sind.

Schmucksalmler *(Hyphessobrycon bentosi)*: 4 cm groß, braucht die Gesellschaft von Artgenossen, schwimmt aber nicht dauernd im Schwarm. Die hübscheren Männchen imponieren mit gespreizten Flossen voreinander und besetzen kurzfristig kleine Balzreviere.
<u>Ähnlich zu pflegen:</u> Schwarzer Phantomsalmler *(Megalomphodus melanopterus)*, Roter Phantomsalmler *(Megalomphodus sweglesi)*, jeweils 2 cm groß; Kaisersalmler *(Nematobrycon palmeri)*, 3 cm; Schwarzer Neon *(Hyphessobrycon herbertaxelrodi)*,

4 cm groß; Kirschflecksalmler *(Hyphessobrycon erythrostigma)*, → Foto, Seite 52, 6 cm groß, braucht Becken ab 80 cm, paßt besonders gut zu Kongosalmlern.

Schmerlen, Fransenlipper (Bodenbewohnende Karpfenartige)
Ordnung *Cypriniformes*

Diese Arten halten sich gerne am Boden auf, wo sie mit ihren zahlreichen Barteln nach Futter suchen. Bei den Schmerlen gibt es eine Besonderheit zu beachten, die ihnen auch ihren zweiten deutschen Namen, Dorngrundeln, eingebracht haben: Viele besitzen unter dem Auge einen herausklappbaren Stachel, den sie, sobald sie mit dem Netz gefangen werden, abspreizen. Vorsicht: Man kann sich an den Stacheln verletzen.

37

Die Rötliche Amazonas-Schwertpflanze (Echinodorus osiris) gehört zu den klassischen Aquarienpflanzen. Ihre rötlichen Blätter beleben die Aquarienlandschaft.

Pflege: In Becken ab 60 cm. Die meisten Arten sind sehr anspruchslos in Bezug auf die Wasserwerte.
Futter: Alle gängigen Futtersorten. Bei Bodenbewohnern muß man darauf achten, daß sie genug Futter bekommen.

Spezielle Tips zu empfehlenswerten Schmerlen-Arten

Feuerschwanz *(Labeo bicolor)*, → Foto, Seite 28: Etwa 15 cm groß. Braucht Becken ab 80 cm bis 1 m. In kleineren Becken nur einzeln zu pflegen, da sie Reviere besetzen und diese unter anderem gegen Artgenossen verteidigen. Aber auch gegen andere Beckenbewohner können sie ruppig werden. Nur mit flinken, kleinen Fischen oder größeren, behäbigeren Fischen vergesellschaften. Möchte man in größeren Becken mehrere Tiere halten, niemals zu zweit einsetzen, besser 3 oder mehr. Jedes Tier braucht seinen eigenen Versteckplatz.
Ähnlich zu pflegen: Grüner Fransenlipper *(Labeo frenatus)*, etwa 14 cm groß, ist aber weniger aggressiv, kann deshalb in einem 1-m-Becken zu mehreren gepflegt werden.
Prachtschmerle *(Botia macracantha)*, → Foto, Seite 29: 9 bis 16 cm, in der Natur bis 30 cm groß. Wunderschöne Art, die sich nur in großen Becken voll entfalten kann. Als Jungtiere mehrere, als Erwachsene nur Einzeltiere halten. Kann mit ihrem etwas rüsselartig verlängerten Maul sogar Schnecken aus ihren Häusern ziehen und fressen.
Ähnlich zu pflegen: Schachbrettschmerle *(Botia sithimunki)*, bis 6 cm. Lebhafter Schwarmfisch, der zu mindestens 5 Exemplaren gehalten werden sollte.

Regenbogenfische
Familie *Melanotaeniidae*

Diese Fischfamilie wird in den letzten Jahren immer beliebter, da viele neue, pflegeleichte Arten eingeführt und gezüchtet werden. In den Morgenstunden leuchten sie in den intensivsten Farben, weil sich zu dieser Zeit Balz und Ablaichen abspielen. Die Farben wirken besonders, wenn noch ein wenig Tageslicht von der Seite einfällt.
Pflege: In Becken ab 80 bis 100 cm. Dichte Bepflanzung, aber viel freier Schwimmraum. Empfindlich gegen pH-Wert unter 7.
Futter: Alle üblichen Futtersorten.

Spezielle Tips zu empfehlenswerten Regenbogenfisch-Arten

Boeseman's Regenbogenfisch *(Melanotaenia boesemani)*, → Foto, Seite 45: Männchen bis 10 cm, Weibchen bis 8 cm groß. Lebendiger Schwarmfisch (5 bis 7 Fische halten), der in den Morgenstunden am aktivsten ist. Laicht gerne auf Javamoos ab. Ein dunkler Beckenhintergrund betont die goldorange Farbe.
Ähnlich zu pflegen: Die meisten anderen *Melanotaenia*-Arten. Bekannt ist der Juwelen-Regenbogenfisch *(Melanotaenia trifasciatus)*, 12 cm groß.
Lachsroter Regenbogenfisch *(Glossolepis incisus)*, → Foto, Seite 44: Bis 15 cm großer Schwarmfisch. Braucht viel Schwimmraum, deshalb nur Rückwand und die Seiten bepflanzen. Javamoospolster bilden auch für diese Regenbogenfische den idealen Ablaichplatz. In einer Gruppe lachsroter Regenbogenfische ist aber nur das stärkste Männchen herrlich orangerot gefärbt, die anderen Männchen bleiben dunkelschmutzig rot. Fängt man das stärkste Männchen heraus, so färbt sich das nächststärkere um.

Futterauswahl und Fütterung

Was Sie füttern können

Früher war es Ehrensache für den Aquarianer, seine Fische mit Selbstgefangenem aus der Natur zu ernähren. Auf Spaziergängen war stets der Kescher dabei, um im nächsten Tümpel oder Bach nach Insektenlarven, Wasserflöhen und Würmern zu fischen. Das ist heute kaum mehr möglich. Erstens gibt es leider immer weniger Gewässer, und die noch vorhandenen sind oft stark verschmutzt. Die Gefahr, bei dieser Ernährungsweise Krankheitserreger in das Aquarium einzuschleppen, ist einfach zu groß. Zweitens kann man leicht mit dem Naturschutzgesetz in Konflikt geraten, da viele Tiere und deren Larven (zum Beispiel Amphibien) unter Naturschutz stehen, und beim Wasserflöhe fangen hat man allzuleicht ein paar Kaulquappen im Netz. Der Speiseplan Ihrer Fische läßt sich problemlos mit dem Futterangebot des Zoofachhandels abwechslungsreich gestalten.

Trockenfutter

Dieses Futter gibt es als Flocken, in Tablettenform oder als Granulatkörner. Es enthält alle wichtigen Nährstoffe in ausreichender Menge, dazu genügend Ballaststoffe (zur Anregung der Darmtätigkeit). Trockenfutter stellt die Grundnahrung für Ihre Fische dar. Flockenfutter gibt es in unterschiedlichen Größen. Jungfische und kleine Fischarten bekommen die kleinen, große Fische erhalten die Großflocken, die mittelgroßen Flocken werden von allen genommen. Achten Sie bei der Auswahl des Flockenfutters auf die speziellen Nahrungsansprüche Ihrer Fische. Arten, die vegetarische Kost bevorzugen, brauchen Flockenfutter mit viel »Grünanteil« (Zusammensetzung, siehe Verpackung).

Futtertabletten läßt man für die Fische, die am Boden ihre Nahrung aufnehmen, einfach auf den Boden sinken. Es gibt auch Tabletten, die man an die Aquarienscheibe kleben kann, wo sie allen Fischen zur Verfügung stehen.

Granulatkörner, sogenanntes »Krümelfutter« (ein sehr hochwertiges Futter), wird von den meisten Fischen nicht sofort angenommen. Sie gewöhnen sich aber nach einiger Zeit daran. Am besten abwechselnd mit Futterflocken füttern.

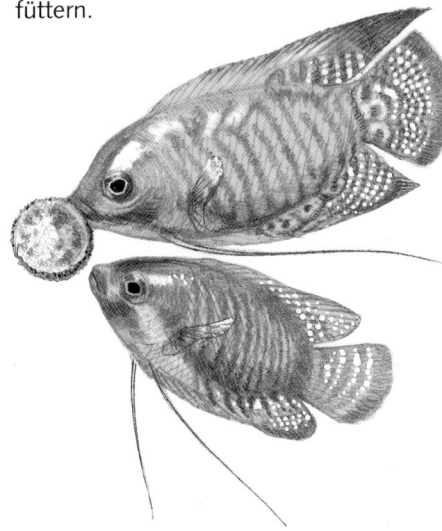

Zwei Zwergfadenfische fressen an einer Futtertablette, die an die Aquarienscheibe geheftet ist.

Glänzen wie Gold: Brokatbarben (Buntius semifasciolatus).

Frostfutter

Es ist ein guter Ersatz für Lebendfutter, denn es besteht aus tiefgefrorenen Futtertieren wie Mückenlarven, Wasserflöhen und anderen. Durch den Gefriervorgang sind vorhandene Krankheitskeime abgestorben. Dies ist eine wertvolle Ergänzung zum Trockenfutter. Frostfutter muß in der Tiefkühltruhe aufbewahrt werden, und Sie dürfen immer nur soviel herausnehmen, wie Sie gleich verfüttern.

Gefriergetrocknetes Futter

Es besteht aus Futtertieren, die in einem speziellen Verfahren eingefroren und anschließend getrocknet worden sind. Es ist als Zusatzfutter geeignet.

Vitaminkonzentrate

Als Zugabe sind sie sehr wichtig. Regelmäßig einige Tropfen (aufs Frostfutter geträufelt) decken den Bedarf der Fische ab.

Was Sie nicht füttern sollten

• Tubifex (Schlammröhrenwürmer) leben im Schlamm stark belasteter Gewässer und können Krankheiten verursachen.

• Küchenabfälle gehören nicht ins Aquarium, da sie die Wasserqualität rapide verschlechtern können.

• Das Verfüttern von grünem Salat oder Spinatblättern ist nichts für den Anfänger. Er sollte seine Pflanzenfresser mit vegetarischem Futter aus dem Zoofachhandel versorgen.

• Lebendfutter wird in manchen Zoofachgeschäften oder in den Aquarien-Fachzeitschriften angeboten. Man kann es auch züchten. Doch die Gefahr, daß der Anfänger Fehler macht und Krankheitskeime ins Aquarium gelangen, ist sehr groß. Ich empfehle deshalb, damit zu warten, bis Sie mehr Erfahrungen gesammelt haben.

Wie man füttert

Futterflocken, Granulatkörner und gefriergetrocknetes Futter streuen Sie durch das Futterloch in der Abdeckung. Futtertabletten an die Scheibe heften – am besten an die vordere, dann wissen Sie, wieviel gefressen wurde – oder ins Wasser werfen.

Frostfutter wird in Tafelform, aufgeteilt in 1 cm³ große Würfel, angeboten. Für kleinere Fische, bei denen keine Gefahr besteht, daß sie einen Würfel ganz verschlucken können, geben Sie die Würfel gefroren ins Wasser. Sie schwimmen an der Oberfläche, tauen langsam auf und scheinen sich dabei zu bewegen. So werden sie selbst von Fischen gefressen, die sonst nur auf Bewegung des Futtertiers reagieren. Für große Fische tauen Sie das Futter vor dem Verfüttern in einer Schale auf. Die Fische würden sonst die Würfel gefroren verschlucken und es käme zu Erkrankungen der Verdauungsorgane.

Moosgrüne Sumatrabarbe (Puntius tetrazona).

Keilfleckbärbling (Rasbora heteromorpha).

Wieviel füttern?

Wer noch wenig Erfahrung mit Fischen hat, füttert erfahrungsgemäß viel zu viel. Dem Anblick eines Fischschwarms, der beim Erscheinen des Pflegers meist sofort an die Frontscheibe stürzt und scheinbar hungrig nach Futter bettelt, kann sich keiner so leicht entziehen. Ich kann nur eindringlich warnen: Füttern Sie eher zu wenig als zu viel. Ständig überfressene Tiere werden leicht krankheitsanfällig.

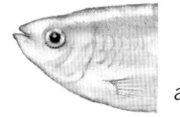

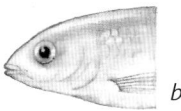

*Maulformen geben
Auskunft über die
Ernährungsweise
der Fische:
a) Oberständiges
Maul für die Nah-
rungsaufnahme von
der Wasserober-
fläche.
b) Fische mit end-
ständigem Maul
finden ihr Futter im
freien Wasser.
c) Ein unterständi-
ges Maul haben alle
Grundfische, die
ihre Nahrung am
Boden suchen.*

Als Grundregel fürs rechte Maß gilt:
● Nur soviel Futter anbieten, wie Ihre Fische in kürzester Zeit fressen. Futter-flocken dürfen nicht tiefer als ⅓ der Beckenhöhe zu Boden sinken (boden-bewohnende Fische mit Futtertabletten versorgen). So bleibt kein Futter übrig, das sonst nur die Wasserqualität ver-schlechtern würde.
● Füttern Sie mehrere kleine Portionen hintereinander.
● Wenn Sie tagsüber zu Hause sind, können Sie die Portionen über den Tag verteilen. Falls Sie nur morgens und abends füttern können, sollten Sie sich unbedingt Zeit dazu nehmen, damit Sie langsam und portionsweise füttern.
Mein Tip: Ist Ihnen beim Füttern doch einmal die »Hand ausgerutscht«, saugen Sie das Futter wie sonst den Mulm beim Wasserwechsel (→ Seite 50) ab. In den nächsten Tagen Filter auswaschen, er könnte sich sonst mit Futterresten zusetzen.

Füttern im Urlaub
Ein gut gepflegtes Aquarium kann 2 bis 3 Wochen sich selbst überlassen blei-ben. Sie können also getrost in Urlaub fahren, vorausgesetzt, für die Fütterung der Fische ist gesorgt. Zwar können Fische durchaus einmal übers Wochen-ende ohne Futter auskommen, bei län-gerer Abwesenheit jedoch empfiehlt es sich, einen Futterautomaten anzubrin-gen. Diese Automaten gibt es in unter-schiedlichen Ausführungen.
Wichtig: Mindestens 14 Tage vor Urlaubsantritt den Futterautomaten einsetzen, damit sich die Fische daran gewöhnen und Sie die richtige Portio-nierung abschätzen können. Notfalls die Fütterungsintervalle verlängern, damit das dargebotene Futter gefressen wird.

Wichtige Fütterungsregeln auf einen Blick
1. Füttern Sie nur dann, wenn Sie auch die Zeit haben, zu beobachten, ob alle Fische fressen. Futterverwei-gerung ist ein sicheres Anzeichen für Krankheiten.
2. Nur soviel füttern, wie sofort gefressen wird. Das Futter darf nicht zu Boden sinken. Ausnahme: Gezielte Fütterung der Bodenfische mit Futtertabletten, die zu Boden sinken müssen.
3. Abwechslungsreich füttern.
4. Zuerst Flocken als Hauptfutter, dann frost- oder gefriergetrocknetes Futter als Leckerbissen füttern.
5. Nie füttern, wenn Sie gerade erst das Licht eingeschaltet haben. 30 Minuten später sind Ihre Fische richtig wach.
6. Nie füttern, wenn Sie gerade etwas am Aquarium gearbeitet haben (nach Wasserwechsel, Schei-ben putzen oder ähnlichem).
7. Futterflocken nicht zerbröseln, die Fische sollen sich ihr Futter »erarbeiten«.
8. Wenn mehrere Familienmitglieder an der Pflege des Aquariums betei-ligt sind, einigen Sie sich bitte auf eine Person, die das Füttern über-nimmt. So bleibt die Verantwortung klar.
9. Zum Füttern niemals den Filter abstellen. Gelangen Flocken in den Filter, war die Portion zu groß. An-gesaugtes Futter setzt den Filter zu. (In diesem Falle den Filter reinigen.)
10. Bei längerer Abwesenheit Futter-automaten einsetzen (→ Füttern im Urlaub, links). Niemals auf Vorrat füttern. Das Futter verdirbt das Was-ser, und die Katastrophe wäre vor-programmiert.

Aquarienpflege leicht gemacht

Der Lebensraum Wasser

Was die Luft für den Menschen, ist das Wasser für die Fische. Genauso wie wir uns in sauberer, guter Luft wohlfühlen, brauchen unsere Pfleglinge gutes und sauberes Wasser. Das wird durch regelmäßige Pflegemaßnahmen erreicht. Um diese zu verstehen, muß man wissen, was »gutes« Wasser für Fische eigentlich ist. Entscheidend sind dabei der Säuregrad des Wassers (pH-Wert), die Wasserhärte, der Nitrit-Nitrat-Gehalt und die im Wasser gelösten Gase aus der Luft: Sauerstoff und Kohlendioxid.

Der Säuregrad des Wassers

Der Säuregrad des Wassers wird durch den pH-Wert ausgedrückt. Der neutrale Wert ist mit der Ziffer 7 angesetzt.

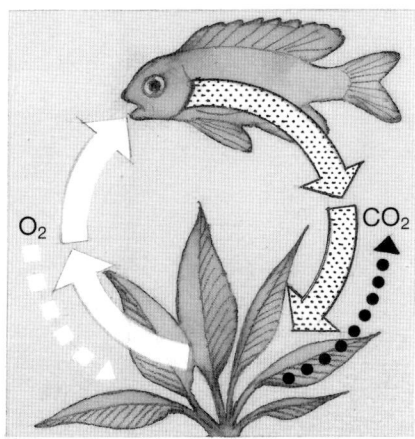

Sauerstoff (O_2)- und Kohlendioxid (CO_2)- Austausch zwischen Fisch und Pflanze.

Werte von 0 bis 6,9 besagen, daß das Wasser sauer ist, Werte von 7,1 bis 14 zeigen den basischen Bereich an. Die meisten tropischen Zierfische bevorzugen einen Bereich zwischen 6,5 und 7,5. Natürlich gibt es Fische, die Ausnahmen machen, doch die Mehrzahl der in diesem Buch genannten Fische fühlen sich in diesem Bereich wohl.

pH-Wert messen: Im Zoofachhandel gibt es Meßreagenzien, mit denen der pH-Wert leicht zu bestimmen ist.

pH-Wert verändern: Bei uns kommt das Wasser meist mit pH-Werten leicht über 7 aus der Leitung. In der Regel können Sie bei der Einrichtung also Leitungswasser verwenden. Messen Sie aber nach einigen Tagen den pH-Wert. Liegt er im genannten Bereich, kann man die Fische einsetzen. Wenn nötig, kann der pH-Wert auch künstlich gesenkt werden. Die einfachste Möglichkeit ist die Zugabe von pH-senkenden Mitteln wie zum Beispiel »pH-Minus« und – etwas schwieriger zu handhaben – Torfextrakten. Dabei ist es wichtig, den pH-Wert während und auch ein bis zwei Tage nach der Maßnahme zu kontrollieren.

Wichtig: Die pH-Wert-Kontrolle ist eine regelmäßige Pflegemaßnahme.

Die Wasserhärte

Die Gesamthärte wird in Grad deutscher Härte (°dGH) gemessen. Man unterscheidet die Härtegrade wie folgt:
2 bis 8 °dGH = weich,
9 bis 16 °dGH = mittelhart,
17 bis 30 °dGH = hart.

Zwischen Fisch und Pflanze findet ständig ein Kohlendioxidaustausch statt. Bei Tag atmet der Fisch Sauerstoff (O_2) ein und Kohlendioxid (CO_2) aus. Die Pflanze nimmt Kohlendioxid auf und produziert Sauerstoff. Bei Nacht atmen Fisch und Pflanze Sauerstoff ein und Kohlendioxid aus.

43

Faszinierende Aquarienfische, die sich gut miteinander vergesellschaften lassen: Purpurprachtbarsch und Kakadu-Zwergbuntbarsch gehören zur Familie der Buntbarsche, Boeseman's und Lachsroter Regenbogenfisch zu den Regenbogenfischen, Rotaugenmoenkhausia, Neonfische und Kongosalmler zu den Salmlern, Metallpanzerwels und Antennenwels zu den Welsen.

Rotaugenmoenkhausia (Moenkhausia sanctae-filomenae).

Kongosalmler.

Lachsroter Regenbogenfisch.

Antennenwels (Ancistrus spec.).

44

Boeseman's Regenbogenfisch.

Purpurprachtbarsch (Pelvicachromis pulcher).

Kakadu-Zwergbuntbarsch.

Neonfische (Paracheirodon innesi).

Metallpanzerwels (Corydoras aeneus).

Für die Pflege-arbeiten im Aquarium gilt die Regel »mäßig, aber regelmäßig«. So stören Sie Ihre Fische nicht zu häufig und schaffen ihnen mit wenig Aufwand einen optimalen Lebensraum. Zu den wichtigsten Pflegemaßnahmen gehört die Wasser-, Filter- und Pflanzenpflege.

Die Härte Ihres Leitungswassers erfahren Sie beim örtlichen Wasserwerk. Liegt der Härtegrad Ihres Wassers im weichen bis mittelharten Bereich, fühlen sich die meisten Fische darin wohl. Ist das Wasser härter, müssen Sie die Härte senken.

Wasserhärte senken: Die für den Anfänger einfachste Methode ist es, das zu harte Aquarienwasser unter stetiger Kontrolle so lange mit destilliertem Wasser zu verdünnen, bis der gewünschte Meßwert erreicht ist. Zu schnelles Absenken der Werte wird von Pflanzen und Fischen schlecht vertragen.

Mein Tip: Durch Zugabe von CO_2 (→ Seite 8), Eisendünger für die schnellwüchsigen Pflanzen lassen sich die Wasserwerte langsam einregulieren und stabilisieren.

Hinweis: Die von erfahrenen Aquarianern angewendete Torffilterung (sie dunkelt das Wasser zu stark ab, so daß der Pflanzenwuchs stark darunter leidet) und die im Zoofachhandel erhältlichen Enthärtungsgeräte möchte ich Anfängern nicht empfehlen.

Abfallprodukte im Aquarium

Auch in gut gepflegten Aquarien entsteht laufend eine Menge Schmutz, nämlich organische Abfallprodukte, die durch die Ausscheidungen der Fische, überschüssiges Futter, sowie verwesende Tier- und Pflanzenteile zustande kommen. Diese Abfallprodukte unterliegen im Aquarium einem ständigen Umwandlungsprozeß, den die im Boden, im Filter und im Wasser vorhandenen Bakterien besorgen. Dabei entsteht das für Fische giftige Nitrit, das in das ungefährlichere Nitrat umgewandelt wird. Die wichtigsten Helfer bei diesem Prozeß, bei dem Sauerstoff verbraucht wird, sind die Pflanzen. Das bedeutet: Solange ausreichend Sauer-

stoff vorhanden, Ihr Becken gut und vielseitig bepflanzt ist und der Filter einwandfrei funktioniert, gibt es mit dem Nitrit-Nitrat-Gehalt in der Regel keine Probleme.

Gefährlich für die Fische wird es erst, wenn sie in einem Becken leben, in dem die Pflanzen schlecht wachsen oder das einseitig bepflanzt ist, beziehungsweise stark verunreinigt. In solchen Becken gerät der Nitrit-Nitrat-Gehalt »aus den Fugen«. Das muß zunächst einmal auf das Wohlbefinden der Fische keinen Einfluß haben, aber in dem Moment, in dem nicht mehr ausreichend Sauerstoff vorhanden ist, beziehungsweise Pflegemaßnahmen vorgenommen werden wie Wasserwechsel oder Filterreinigung, treten Vergiftungserscheinungen bei den Fischen auf: Sie schnappen an der Wasseroberfläche nach Luft und verweigern ihr Futter. Wer es in seinem Becken so weit hat kommen lassen, muß nun sehr schnell Maßnahmen ergreifen. Bei kleinen Becken ist es am besten, das gesamte Becken auszuräumen und neu einzurichten. In einem 200 l-Becken kann man versuchen, zu retten, was zu retten ist.

Notprogramm für stark vernachlässigte Aquarien

Die nachfolgend genannten Maßnahmen müssen 2 bis 3 Wochen lang durchgeführt werden:

- Ständig Sauerstoff zuführen.
- Boden mit den Fingern vorsichtig lockern, damit eventuell vorhandene Faulgase entweichen. Bodengrund dabei nicht aufwühlen.
- Sofort und dann wöchentlich $\frac{1}{3}$ Wasser wechseln.
- Sofort und nach 14 Tagen den Filter reinigen.
- Die ersten 3 Tage nicht füttern.
- Biocoryn H 3 nach Gebrauchsanweisung ins Wasser geben.

Algen und ihre Bekämpfung

Algenart	Gegenmaßnahmen
Bartalgen: Braunschwarz, sehr festsitzend, häufig an Javafarn	Stark befallene Blätter abschneiden. Algenfresser einsetzen wie Brokat-, Rubin- oder Sumatrabarbe
Pinselalgen: Braunschwarz, teils freischwimmend, teils auf Steinen oder Pflanzen	Kies und freischwebende Algen absaugen, Kies wegwerfen. Algenfresser einsetzen wie Rüssel-, Brokat- oder Rubinbarben, Black Molly, Guppy oder Platy
Kieselalgen: Schwarzgrüne Punkte auf den Blattoberseiten, oft bei *Anubias*- und *Echinodorus*-Arten, meist auf alten Blättern	Befallene Blätter nicht entfernen. Algenfresser einsetzen wie Blauer Antennenwels oder Harnischwels
Blaualgen: Blauschwarz bis dunkelgrün, lassen sich leicht abstreifen, Algen riechen nach Salmiak	Eisendünger zugeben. Temperatur nicht über 24°. Algenfresser einsetzen wie Japanischen Bitterling
Braunalgen: Leicht bräunlicher Belag auf Blättern, Steinen, Scheiben	Algenfresser einsetzen wie Saugmaulwels und Blauer Antennenwels
Fadenalgen: Umspinnen watteartig erst Blattstengel und dann alles andere	Eisendünger zugeben. Algenfresser einsetzen wie Rüsselbarbe, Black Molly und Segelkärpfling. Schnellwachsende Pflanzen einsetzen wie Wasserpest
Volvox-Alge: Wasser maigrün gefärbt	Kein Wasserwechsel. Diatomfilter oder UV-Lampe einsetzen (vom Zoofachhändler beraten lassen), als begleitende Maßnahme Oxydator einsetzen
Schleimiger, hellgrüner Belag überall im Aquarium	Wasserwechsel, schnellwüchsige Pflanzen einsetzen wie Wasserpest und Wasserwedel
Pelzartiger, braunschwarzer Belag auf Blattoberseiten, der sich nicht abstreifen läßt	Algenfresser einsetzen wie Rüsselbarbe, Blauer Antennenwels, Harnischwels, Guppy, Black Molly

Wichtig: Wenn Sie Algenfresser einsetzen, 8 Tage nicht füttern.

Bartalgen entwickeln große, bindfadenähnliche Triebe von braunschwarzer Farbe.

Pinselalgen sind ebenfalls braunschwarz. Sie kommen freischwebend oder auf Pflanzen und Steinen vor.

Neonfische, die auf dem dunklen Bodengrund gut zur Geltung kommen, fressen an einer Futtertablette.

• Nach 3 Wochen zur normalen Aquarienpflege übergehen.

• In der Regel hilft dieses Notprogramm. Es kann aber sein, daß einige Fische und Pflanzen die Prozedur nicht überstehen.

Mein Tip: Alle Probleme, die durch organische Abfallprodukte entstehen, lassen sich durch gute Wasser-, Filter- und Pflanzenpflege vermeiden.

Sauerstoff und Kohlendioxid

Die Gase Sauerstoff und Kohlendioxid spielen im Leben der Pflanzen und Tiere im Aquarium eine große Rolle.

Sauerstoff: Dieses Gas wird von Tieren und Pflanzen zur Atmung benötigt. Die natürlichste Sauerstoffversorgung gewährleisten ein guter Pflanzenwuchs und eine durch den Filter bewegte Wasseroberfläche. Eine wenn nötig zusätzliche Sauerstoffversorgung (= gute Belüftung) erreicht man durch Ausströmersteine und Luft-Diffusoren.

Die beste, weil am schnellsten wirkende Möglichkeit bietet der sogenannte Oxydator (genau an die Gebrauchsanweisung halten).

Bei Sauerstoffmangel atmen die Fische heftig und schwimmen dicht unter der Wasseroberfläche. In diesem Fall muß man sofort Sauerstoff zuführen. Verbessert sich das Verhalten der Fische nicht, sollte man überprüfen, ob eine Vergiftung durch ungünstige Wasserwerte vorliegt und die entsprechenden Maßnahmen ergreifen (→ Tabelle, Seite 58/59).

Kohlendioxid (CO_2): Dieses Gas entsteht bei der Atmung der Fische und auch durch die Filter- und Bodenbakterien. CO_2 ist ein wichtiger Pflanzennährstoff. Da die Pflanzen im Aquarium große Mengen an CO_2 verbrauchen, muß es zusätzlich bereitgehalten werden. Dies geschieht mit den auf Seite 8 für Anfänger empfohlenen, einfachen CO_2-Geräten.

Die Filterpflege

Filtermassen von gröberer Struktur wie Schaumstoff und das grobe Bio-Substrat sind zunächst einfach mechanische Filtermassen, auf denen sich im Laufe der Zeit Bakterien ansiedeln, die den festgehaltenen Schmutz zersetzen. Dabei werden Pflanzennährstoffe und unter anderem Kohlendioxid (CO_2) freigesetzt. Dieser Vorgang macht die Filtermasse zu einer biologischen Filtermasse. »Bio« bedeutet also: Lebewesen übernehmen die Reinigungsarbeiten. Allerdings funktioniert dies im Aquarium nur, wenn der Filter ausreichend gepflegt wird.

Pflege des Innenfilters: Alle 2 bis 4 Wochen (je nach Besatz) Schaumstoff mit handwarmem Wasser (ohne Zusatz von Reinigungsmitteln) auswaschen, ausdrücken und weiterverwenden. Schaumstoff austauschen, wenn er seine Form verliert.

Pflege des Außenfilters: Substrat alle 3 bis 4 Monate mit lauwarmem Wasser auswaschen – so lange, bis das Wasser klar bleibt. Gebrauchsanweisung beachten. Bei Wechsel der Filtermasse etwa $1/3$ des alten Substrats wiederverwenden.

Wichtig: Filtermaterialien nie wärmer als handwarm (etwa 30 °C) auswaschen, also nie abkochen oder desinfizieren, damit die Filterbakterien erhalten bleiben.

Pflege-Zeitplan für regelmäßig anfallende Arbeiten

Täglich: Temperatur kontrollieren, Geräte überprüfen. CO_2 nachfüllen. Fische auf Gesundheitszustand überprüfen (→ Seite 55).

Wöchentlich: Ein Drittel des Wassers wechseln, dabei losen Mulm und lose Blätter absaugen (→ Seite 50). Pro 50 l Inhalt 1 Düngetablette zugeben. Wasseraufbereitungsmittel mit Schleimhautschutz zugeben. Wasserwerte messen und regulieren. Scheiben reinigen (→ Seite 50).

Monatlich: Pflanzen zurückschneiden (→ Seite 51). Filter reinigen (→ links).

Halbjährlich: Schläuche auswechseln (werden hart und sind dann nicht mehr zuverlässig). Leuchtstoffröhre auswechseln (bei 2 Röhren: alle 3 Monate je 1 wechseln).

Bei Bedarf: Futterreste absaugen. Abgestorbene Pflanzenblätter entfernen, tote Fische entfernen, Schnecken absammeln.

Wichtig: Um die Fische nicht zu sehr zu stören, pro Tag nicht mehr als eine Pflegemaßnahme durchführen.

PRAXIS
Aquarienpflege

Die Pflege des Aquariums ist keine aufwendige Sache – zumindest solange Sie sie regelmäßig betreiben. Die dazu notwendigen Handgriffe sind hier beschrieben.

Reinigungsarbeiten rund ums Aquarium

Bevor Sie mit Reinigungsarbeiten beginnen, bitte unbedingt alle Stecker ziehen.

Wasserwechsel
Zeichnung 1
Ich empfehle Ihnen, einmal pro Woche ein Drittel des Wassers auszutauschen. (Nicht mehr, sonst verändert sich die Wasserqualität zu sehr.) Theoretisch könnte man das Wasser einfach schöpfen. Schneller geht es mit einem Schlauch und einem Eimer.

Und so wird's gemacht: Nehmen Sie einen 1,5 m langen Schlauch mit einem Durchmesser von 12 bis 16 mm und füllen Sie ihn an der Wasserleitung oder im gefüllten Waschbecken mit Wasser (gleiche Temperatur wie Aquarienwasser). Mit den Daumen verschließen Sie die Schlauchenden, halten ein Ende in das höher gelegene Aquarium, das andere in den tiefer stehenden Eimer. Dieser Höhenunterschied ist wichtig, sonst funktioniert das Wasserablassen nicht. Öffnen Sie zuerst das im Aquarium befindliche Ende, danach das im Eimer und schon beginnt das Wasser zu laufen. Der Sog reicht aus, um Futterreste, Mulm und Algen mit abzusaugen. Während Sie mit der einen Hand den Schlauch im Aquarium führen, sollte die andere am Schlauchende im Eimer bleiben. Dort können Sie schnell den Wasserfluß stoppen, falls ein Fisch dem Schlauchende zu Nahe kommt und abgesaugt wird. Wenn das trotzdem passieren sollte: Eimerwasser durch ein Netz gießen und Fisch zurücksetzen.

Mulm absaugen
Zeichnung 2
Sie werden beobachten, daß sich im Laufe der Zeit am Boden des Aquariums, besonders in den Ecken, eine braune Mulmschicht absetzt. Mulm ist eine Mischung aus abgestorbenen Pflanzenteilen und Fischkot. Er sollte von Zeit zu Zeit entfernt werden, weil beim Mulmabbau durch Bakterien zuviel Sauerstoff verbraucht wird. Sie können Mulm während des Wasserwechsels mit absaugen oder den sogenannten Mulmsauger benutzen. Diesen vorsichtig über dem Kies hin- und herbewegen. So gelangen Mulm und Wasser in den Eimer, der schwerere Kies fällt wieder auf den Boden zurück. Nie zu fest auf den Boden drücken, Sie zerstören sonst das Feinwurzelwerk der Pflanzen.

Scheiben reinigen
Gewöhnen Sie sich an, die Aquarienscheiben einmal wöchentlich von innen und außen zu putzen. Für die Reinigung außen reicht es, wenn Sie die Scheiben mit einem feuchten Lappen abwischen. Eine praktische Lösung für die inseitige Scheibenreinigung ist der sogenannte Algenmagnet. Wenn Sie Scheibenreiniger mit Rasierklinge verwenden, achten Sie darauf, daß Sie nicht in die Silikonschicht schneiden, mit der das Aquarium verklebt ist. Wichtig: Zur Scheibenreinigung keine chemischen Mittel verwenden.

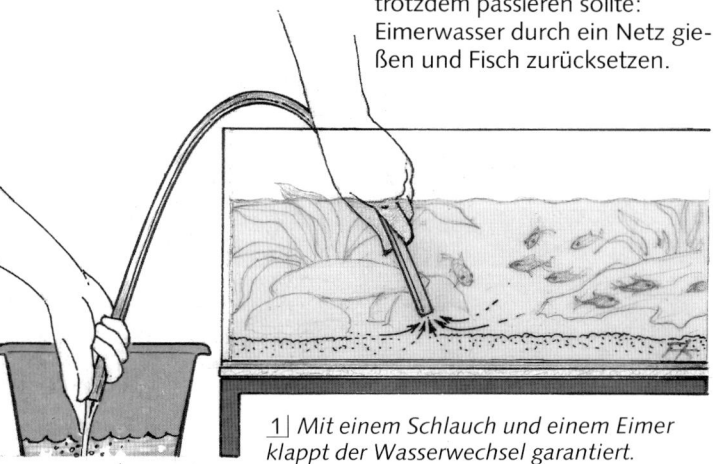

1 | Mit einem Schlauch und einem Eimer klappt der Wasserwechsel garantiert.

Pflanzenpflege

Damit die Pflanzen im Aquarium biologisch leistungsfähig bleiben, Sauerstoff produzieren, Abfallstoffe aufnehmen und ihre übrigen wasserreinigenden Eigenschaften entwickeln, müssen sie möglichst optimal versorgt werden.

Düngen

Für einen gesunden Pflanzenwuchs brauchen die Pflanzen zusätzliche Nährstoffe. Das geschieht mit Hilfe von Aquarienpflanzen-Düngern, eisenhaltigen Dünger und dem auf Seite 49 erwähnten CO_2.

Düngeregeln:
- Halten Sie sich bei den Düngern genau an die Dosierungsangaben in der Gebrauchsanweisung.
- Man düngt zum ersten Mal beim Einrichten des Beckens, dann nach jedem Wasserwechsel.
- Flüssigdünger können in Aquarien ohne Langzeitdünger im Bodengrund auch alleine verwendet werden.
- CO_2 auf Vorrat halten, → Seite 8.

Schneiden und Auslichten

Wachsen die Pflanzen zu üppig, so muß man sie regelmäßig stutzen oder ausdünnen. Schwimmpflanzen hin und wieder abfischen und größere abgestorbene Pflanzenteile, die während des Wasserwechsels nicht abgesaugt werden können, mit der Hand entfernen.

Stengelpflanzen zurückschneiden

Zeichnungen 3 bis 5
Unter den Stengelpflanzen gibt es viele schnellwüchsige Arten, die man im Zaum halten sollte. Wenn Sie bemerken, daß eine Pflanze sich schon die Wasseroberfläche entlangstreckt, sollten Sie sie kürzen: Schneiden Sie mit einer Schere oder einem scharfen Messer ²⁄₃ der Pflanze ab (→ Zeichnung 3). Schon nach 2 Wochen werden Sie dann 2 neue Triebe entdecken können (→ Zeichnung 4). Die Pflanze wächst buschiger. Dieser Vorgang läßt sich wiederholen.
Wenn Sie zuwenig abschneiden, treibt die Pflanze direkt unter der Wasseroberfläche Ableger. Diese schatten stark ab, so daß

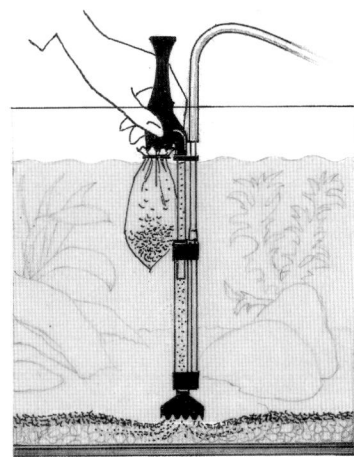

2 | Den Mulmsauger vorsichtig über den Kies ziehen.

die unteren Blätter kein Licht mehr bekommen. Die Pflanze wirft dann die unteren Blätter ab und wird immer kahler und häßlicher. Aber selbst falsch geschnittene Pflanzen können wieder »in Form« gebracht werden: Einfach den Stengel zum Boden biegen und mit einem Stein beschweren (→ Zeichnung 5). Sobald der Stengel angewurzelt hat, von der Mutterpflanze abtrennen. Nun kann er genauso buschig wachsen.

3 | Die Pflanze ist zu lang und muß um ²⁄₃ gekürzt werden.

4 | Ergebnis des richtigen Schnitts. Die Pflanze bildet neue Triebe.

5 | Wurde zu wenig gekürzt, lange Triebe am Boden beschweren.

Algen findet man in jedem Aquarium. Sie gehören genauso dazu wie Fische, Pflanzen und Bakterien. Vermehrter Algenwuchs deutet allerdings darauf hin, daß im Aquarium etwas nicht in Ordnung ist. In diesem Fall sollte man die Ursachen klären und entsprechende Maßnahmen ergreifen.

Skalare und Kirschflecksalmler.

Schnecken im Aquarium

Schnecken sind die »Müllabfuhr« des Aquariums: Sie vertilgen Futterreste, absterbendes Pflanzenmaterial, Algen und tote Tiere. Wahrscheinlich werden Sie sich wundern, Schnecken in Ihrem Aquarium zu entdecken, ohne welche gekauft zu haben. Sie werden über die Pflanzen, an denen meist etwas Schneckenlaich hängt, eingetragen.

Wenn Schnecken überhandnehmen, ist meist zuviel gefüttert worden, denn je besser die Futtergrundlage, um so stärker vermehren sich die Tiere. Sollte das der Fall sein, können Sie leicht eine Art »Schneckenfalle« aufstellen: Zunächst Fische füttern, dann auf einen flachen Stein 1 bis 2 Futtertabletten geben. Nach einiger Zeit werden sich immer mehr Schnecken dort einfinden, die Sie nur noch abzusammeln brauchen und am besten auf den Kompost geben.

Das Aquarium im Urlaub

Wenn Sie niemanden haben, der die Pflege Ihres Aquariums während Ihrer Abwesenheit zuverlässig übernehmen kann, sollten Sie einige Vorbereitungen treffen:
- Einige Wochen vor Urlaubsbeginn keine neuen Fische mehr einsetzen. Sie haben sonst keine Kontrolle über eventuell auftretende Probleme (eingeschleppte Krankheiten, Revierkämpfe).
- 2 Wochen vorher Futterautomaten anbringen und nur noch über diesen füttern.
- 3 Tage vor der Abreise Innenfilter auswaschen. (Außenfilter können 4 Monate ungereinigt bleiben.)
- 2 Tage vorher $1/3$ Wasser wechseln, dabei Mulm absaugen und Wasseraufbereitungsmittel zugeben.
- Einen Tag vorher alle technischen Geräte auf ihre Funktion überprüfen.

Algen im Aquarium

Ein Aquarium ohne Algen gibt es nicht. Sie gehören genauso dazu wie die Pflanzen, Fische und Bakterien. In einem gut gepflegten Aquarium werden sie von Algenfressern kurz gehalten. Zum Problem werden Algen, wenn sie überhandnehmen, also deutlich sichtbar sind. Verstärkter Algenwuchs ist für Sie ein Alarmsignal, das besagt: Im Aquarium ist irgend etwas nicht in Ordnung. Sie sollten dann entsprechende Maßnahmen ergreifen. Algenbekämpfung bedeutet aber nicht, daß Sie zu entsprechenden Chemikalien greifen, sondern Sie müssen zunächst einmal die Ursachen dafür herausfinden und abstellen. Wenn es nicht zu viele Störungen auf einmal sind, löst sich das Algenproblem meist von selbst, sobald Sie diese behoben haben. Andernfalls müssen Sie die Algen gezielt bekämpfen (→ Tabelle, Seite 47).

So finden Sie die Ursachen für verstärkten Algenwuchs heraus
Um ihnen auf die Spur zu kommen, müssen Sie das Aquarium »durchchecken«:
- Ist der Filter sauber?
- Stimmt die Beleuchtungszeit? Müssen eventuell Leuchtstoffröhren ausgewechselt werden?
- Haben Sie regelmäßig Wasser gewechselt?
- Stimmt die Temperatur?
- Stimmt der Kohlendioxid (CO_2)- und Sauerstoffgehalt?
- Ist der Nitrit-Nitrat-Gehalt in Ordnung?
- Stimmt der pH-Wert?
- Ist die Wasserhärte in Ordnung?
- Sind genügend Algenfresser im Aquarium?

Bei allen Fragen, die Sie mit »nein« beantwortet haben, müssen Sie die Störung beheben und abwarten.

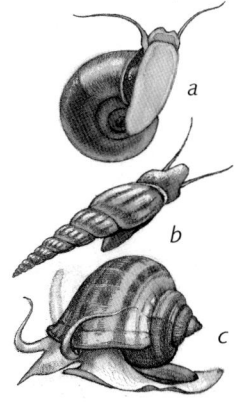

Schnecken sind die Müllabfuhr des Aquariums. Häufig kommen vor:
a) Rote Posthornschnecke.
b) Indische Turmdeckelschnecke.
c) Südamerikanische Apfelschnecke.

Soforthilfe bei Pannen im Aquarium

Anzeichen	Ursache	Abhilfe
Bei Innenfilter aus 1 m Entfernung Geräusche wahrnehmbar	1. Filter schmutzig 2. Achse ausgeschlagen, zum Beispiel durch Sandstaub	1. Filterpatrone austauschen 2. Antriebsmagnet mit Achse austauschen
Außenfilter gibt nagelndes Geräusch von sich, Leistungsabfall	Achse ausgeschlagen (durch Sandstaub oder nicht vorgewaschenes Substrat)	Antriebsmagnet, Achse und Achslager austauschen
Außenfilter zischt plötzlich	1. Verdichtetes Filtermaterial bildet Faulgase, die stoßartig entweichen 2. Alte Schläuche ziehen Luft oder Dichtung ist undicht	1. Filtermaterial auswaschen oder teils austauschen 2. Neue Schläuche bzw. neue Dichtung einsetzen
Braungrünes Wasser, Fische schwimmen an der Wasseroberfläche	Filter steht oder ist völlig verschmutzt	$1/3$ Wasser wechseln, Sauerstoffgehalt erhöhen. Filtermaterial auswaschen; Filter anschließen, 3 Tage nichts füttern
Wasser trüb-weiß, morgens klar, abends »weiße Wolke« unter der Leuchtstoffröhre, Fische an Wasseroberfläche	Bakterientrübung, Bakterien sinken nachts zu Boden, im Laufe des Tages streben sie zum Licht	Mulm und Futterreste absaugen, Filter reinigen, Sauerstoffgehalt erhöhen, Bakterien abtöten (Mittel im Zoofachhandel), 3 Tage nichts füttern
Wasser klar, aber alle Fische an Wasseroberfläche	Zu hohe Temperatur (hauptsächlich im Sommer)	Kein Wasserwechsel, sonst Schock. Heizer kontrollieren, Sauerstoffgehalt erhöhen, Filter kontrollieren. 3 Tage nicht füttern, bis Atmung normal
Aquarium leckt	–	Vom Fachmann reparieren lassen
Rund ums Aquarium ist es feucht, Scheiben sind unversehrt	1. Wasserspiegel durch Verdunstung abgesunken, folglich spritzt der Filter 2. Filterschläuche undicht 3. Diffusor falsch angeschlossen 4. Filterdichtung defekt	1. Wasser auffüllen und weiter beobachten 2. Schläuche austauschen 3. Diffusor richtig anschließen 4. Dichtung austauschen
Temperaturabfall	Heizer defekt	Heizer erneuern, 2 Tage nicht füttern
Wasser trüb durch Futterflocken	Zuviel gefüttert	Filter reinigen. Flockenfutter mit $9/10$ Wasserwechsel (mit Aufbereitungsmittel) absaugen; Sauerstoffgehalt, erhöhen, 5 bis 6 Tage nicht füttern, danach Filter reinigen.
Luftblasen steigen aus dem Bodengrund	Faulgase	Boden mit den Fingern lockern, $1/3$ Wasserwechsel, beim Tablettenfüttern besser aufpassen
Weiße »Fäden« am Boden	Fäulnispilze an der Futterstelle	Beim Wasserwechsel absaugen, Boden vorsichtig mit den Fingern lockern
Schaum auf der Wasseroberfläche	1. Futterreste, die sich zersetzen 2. Schaumnest (→ Foto, Seite 36)	1. Wasserwechsel, Filter säubern 2. In Ruhe lassen
Weiße »Fuseln« im Wasser	Schleimpartikel nach Filterreinigung	Nicht nötig

Wichtig: Bei allen Arbeiten an elektrischen Geräten Stecker ziehen!

Krankheiten und ihre Behandlung

Vorbeugen ist besser als heilen

Krankheitserreger – Parasiten, Bakterien und Viren – gibt es in jedem Aquarium. Sie können zum Beispiel durch neue Fische und Pflanzen eingeschleppt werden. Von der Widerstandskraft Ihrer Fische hängt es jedoch ab, ob Krankheiten auch zum Ausbruch kommen. Schlechte Lebensbedingungen schwächen die Abwehrkräfte der Fische. Deshalb sollten Sie Ihr Augenmerk auf die Gesunderhaltung der Fische und des gesamten Aquariums richten. Halten Sie sich an einige Grundregeln, damit läßt sich meist das Ausbrechen einer Krankheit verhindern oder zumindest erschweren.

Krankheiten erkennen

Daß ein Fisch sich unwohl fühlt, können Sie sowohl an seinem Aussehen wie auch am Verhalten ablesen. Nutzen Sie die Zeit der Fütterung auch zum Beobachten der Fische und werfen Sie unabhängig davon täglich hin und wieder einen prüfenden Blick in Ihr Aquarium. Je früher Sie Veränderungen bemerken, desto schneller und wirksamer können Sie eingreifen.

<u>Veränderte Verhaltensweisen</u> können sein: Futterverweigern, beschleunigte Kiementätigkeit; Fische schnappen unter der Wasseroberfläche nach Luft; Hektisches Umherschießen; Springen; Fische bewegen sich kaum mehr; Flossenzucken; Scheuern; Flossenklemmen; Schaukeln; Drehen; Torkeln; Taumeln.

<u>Äußere Anzeichen</u> für Krankheiten → Zeichnung, unten.

<u>Hinweis:</u> Häufige Fisch-Krankheiten sind in der Tabelle auf Seite 58/59 aufgeführt.

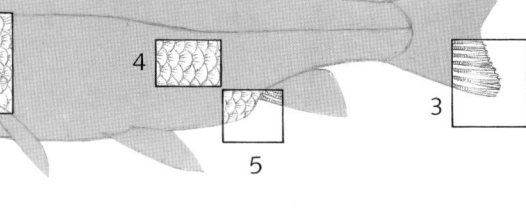

Krankheitszeichen in verschiedenen Körperregionen:

1 *Kopfregion: eingefressene Löcher; trübe Augen; Glotzaugen; weißlicher Belag in der Mundregion.*

2 *Kiemen: gerötet (bei manchen Fischen allerdings natürlich); hell verfärbt; Würmer hängen heraus; abgespreizte Kiemendeckel; weiße Punkte.*

3 *Flossen: ausgefranst oder verkürzt; watteartige Beläge; weiße Punkte.*

4 *Schuppen und Haut: abstehende Schuppen; Bläschen; Geschwüre; Trübungen; Farbveränderungen; Farbverblassen; starke Schleimabsonderung; weiße bis gelbliche Punkte; rote, offene Stellen.*

5 *Afterregion: geschwollen; Würmer hängen heraus; langer, fädriger oder schleimiger Kot.*

55

Zwergfadenfisch (Colisa lalia), der sich ausnahmsweise in die Bodenregion des Aquariums verirrt hat.

Was Sie bei Krankheiten tun können
Da sich Krankheiten im Aquarium oft ausbreiten, ist es wichtig, sofort Abhilfe zu schaffen. Folgende Tips sollen Ihnen dabei helfen:
• Nur wenige Tierärzte haben Erfahrung in der Behandlung von Fischkrankheiten. Sie sind auch meist nicht sofort greifbar. Viele Zoofachhändler dagegen können Ihnen schnell und sicher helfen.
• Verhaltensänderungen und Krankheitszeichen notieren, damit Sie dem Zoofachhändler ein möglichst genaues Krankheitsbild liefern können.
• Greifen Sie nicht wahllos zu irgendeinem Medikament. Eine sogenannte »Breitbandbehandlung« mit einem Medikament, das für alles und jedes gut sein soll, nützt wenig. Sie benötigen für eine erfolgreiche Behandlung ein genau auf das Krankheitsbild abgestimmtes Medikament. Der Zoofachhändler hilft Ihnen, dieses auszuwählen.
• Halten Sie sich bei der Medikamentengabe genau an die angegebenen

Zwei blaue Fadenfische (Trichogaster trichopterus).

Dosierungen. Für die Dosierung müssen Sie wissen, wieviel Wasser sich in Ihrem Becken befindet. Zur Berechnung des Beckeninhalts gilt die Regel: Länge x Höhe x Breite in cm, dividiert durch 1000 = Beckeninhalt in Litern.
Wichtig: Niemals Medikamente und Wasseraufbereitungsmittel zusammen verwenden. Die Wirkung der Medikamente würde sonst weitgehend neutralisiert.
• Für einen hohen Sauerstoffgehalt sorgen (→ Seite 48).

• Filter reinigen (keine Kohlefilterung bei gleichzeitiger Medikamentengabe verwenden).
• Versuchen, die Ursachen zu klären und, wenn möglich, abstellen.
Hinweis: In der Regel muß das gesamte Aquarium behandelt werden, das Umsetzen sichtbar erkrankter Fische in ein Quarantänebecken bringt meist wenig, da auch scheinbar gesunde Fische schon die Erreger in sich tragen können.

Weißpünktchenkrankheit.

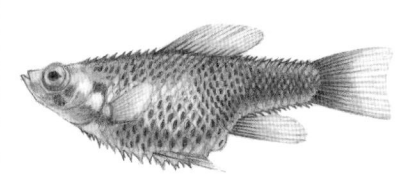

Bauchwassersucht.

Verpilzung.

Flossenfäule.

Die häufigsten Fisch-Krankheiten und ihre

Krankheitszeichen	Diagnose
Weiße Punkte auf Flossen und Körper; Freßunlust, Schaukeln, Flossenzucken	Weißpünktchenkrankheit → Zeichnung, links
Fisch wird immer dicker, droht zu »platzen«; Schuppen stehen ab	Bauchwassersucht → Zeichnung, links
Watteartige, schimmelartige Beläge	Schleimhautverletzung, in Folge Verpilzungen → Zeichnung, links
Verblassen der Farben, Notatmung an der Wasseroberfläche, unkontrollierte Schwimmbewegungen wie Taumeln, Drehen, Anstoßen	Vergiftungen durch Chemikalien
Langsames Verblassen der Farbe, ruhiges Verhalten, Schräg- bis Seitenlage, Hauttrübungen am Auge, Bildung von Glotzaugen, verstärkte Atmung	Langsame Vergiftung durch ungünstige Wasserwerte
Plötzlicher, grießartiger Pünktchenbefall, von vorne gut sichtbar. Pünktchen mehr gelblich als weiß	Samtkrankheit
Freßunlust, Farbveränderungen, schleimig- weißlicher Kot; Löcher in Kopfpartie	Lochkrankheit
Beschleunigte Atmung, Scheuern am Kopf, ruckartiges Ausstülpen des Maules; farblose, fadenartige Würmer hängen aus den Kiemen	Kiemenwürmer
Glotzaugen	Glotzaugen
Flossen fransen aus und sterben ab, Farben verblassen	Flossenfäule → Zeichnung, links
Farbverblassen, gürtelartig von der Körpermitte her	Neonkrankheit

Behandlung

Ursachen	Behandlung
Erreger *Ichthyophthirius multifiliis*	Mit entsprechenden Medikamenten und unterstützenden Maßnahmen (→ Seite 60)
Infektion durch Bakterien oder Stoffwechsel-störung durch falsches oder zuviel Futter	Schwierig. Wenn möglich, befallene Tiere separat setzen. Stoffwechsel durch Salz (1 g/l) reizen, Sauerstoffgehalt und Temperatur erhöhen. Medikamente geben.
Verletzungen der Schleimhaut, als Folge davon Zersetzung der Schleimhaut	Entsprechende Medikamente. Zur Unterstützung Sauerstoff-gehalt erhöhen. $1/3$ Wasserwechsel ohne Aufbereitungsmittel. Vitaminzugaben. Nach der Behandlung Filter reinigen.
Putzmittel im Aquarieneimer; Überdüngung; Haarspray oder Pflanzenschutzmittel, in der Nähe des Aquariums verwendet; Wasser aus Entsalzungsanlagen zur Rohrentkalkung	Wasserwechsel fast total ($4/5$), Wasseraufbereitungsmittel mit Schleimhautschutz dazugeben. Nicht füttern. Filter über-prüfen, ob genügend Wasserdurchlauf. Ursachen abstellen. Fische genau beobachten; da Abwehrkräfte geschwächt, können andere Krankheiten auftreten
Ungünstige Wasserwerte nach Großreinigung des Aquariums. Sie haben zuviel auf einmal getan. Falsches Wasser wie Regenwasser. Nitrit-Nitrat-Gehalt zu hoch, pH-Wert zu hoch, Faulgase im Boden, ungeeignetes Dekorationsmaterial, unsachgemäßes Fische umsetzen, Schleimhautverletzungen	$1/3$ Wasser wechseln. Biocoryn H3 zusetzen. Sauerstoff zuführen. Ursachen beseitigen
Erreger *Oodinium pillularis*	Mit entsprechenden Medikamenten und unterstützenden Maßnahmen (→ Seite 60)
Hexamitabefall, Erreger wird eingeschleppt	Sauerstoffgehalt erhöhen. Temperatur langsam bis auf 33° C erhöhen, sofern alle Fische diese Temperatur vertragen. Sonst Behandlung mit ensprechenden Medikamenten
eingeschleppte Kiemenwürmer	Sauerstoffgehalt erhöhen. Behandlung mit entsprechenden Medikamenten
schlechte Wasserqualität, dadurch Stoffwechselstörungen	Sauerstoffgehalt erhöhen, Filter reinigen, alle 3 Tage $1/3$ Wasserwechsel bis Wasserwerte normal; Aufbereitungs-mittel zugeben. 2 bis 3 Tage nicht füttern
Verletzung beim Transport; Schwäche-parasiten, Sauerstoffmangel	Sauerstoffgehalt erhöhen. $1/3$ Wasserwechsel, Filter reinigen. Entsprechende Medikamente
Erreger *Plistophora*	Sehr schwierig, mit entsprechenden Medikamenten. Erfolg selten. Zur Unterstützung Vitamine zugeben

Unterstützende Maßnahmen

Eine Art »Saunamethode« als begleitende Maßnahme wirkt oft wahre Wunder: Durch Temperaturerhöhung vermehren sich die Erreger, die Krankheit kommt voll zum Ausbruch und das Medikament kann alle Erreger erreichen, bevor sie sich erneut verkapseln.

Und so wird's gemacht:

1. Ein Drittel des Wassers wechseln. Dabei aber kein Aufbereitungsmittel zugeben, da die darin enthaltenen Stoffe mit den Medikamenten Verbindungen eingehen, die deren Wirkung neutralisieren.
2. Temperatur bei gleichzeitiger Erhöhung des Sauerstoffgehalts um insgesamt 4° C erhöhen (nicht auf einmal, besser an 2 aufeinanderfolgenden Tagen um jeweils 2°). 32 °C sind die höchstmögliche Temperatur im Durchschnittsaquarium.
3. Medikament in der angegebenen Dosierung verabreichen. Eine zu niedrige Dosierung führt zur Bildung von resistenten Erregerstämmen.
4. 3 bis 4 Tage nicht füttern.
5. In der Regel sind 8 Tage nach Beginn der Behandlung die äußeren Anzeichen der Krankheit verschwunden. Dann Temperatur wieder absenken, normal füttern und dabei verstärkt Vitamine zugeben. Ansonsten das Aquarium in Ruhe lassen.
6. Nach weiteren 8 Tagen ein Drittel des Wassers wechseln, dabei Wasseraufbereitungsmittel zugeben.
7. Filter überprüfen, ob noch genügend Wasser durchläuft.

Maßnahmen nach Medikamentengabe

Nach der Behandlung mit Medikamenten kann es nötig sein (zum Beispiel bei Wasserverfärbungen), das Wasser über Kohle zu filtern. Filterkohle ist eine chemische Filtermasse, die die Wasserzusammensetzung des Aquarienwassers verändert. Anwendung: Filterkohle trocken in einen Filterbeutel geben und unbedingt mit Filterwatte abdecken. Sie hält den Kohlestaub fest. Die Wirkung der Kohle ist nach etwa einer Woche erschöpft, dann wird die Kohle weggeworfen. Nicht weiterverwenden! Wichtig: Kohlefilterung nur für den genannten Zweck verwenden, da dem Wasser dabei auch so lebenswichtige Stoffe wie Wasseraufbereiter und Nährstoffe entzogen werden.

Wichtigste Grundregeln für ein gesundes Aquarium

1. Ein gut funktionierender Filter ist für die Reinhaltung des Wassers unerläßlich.
2. Wichtig sind Pflanzenvielfalt und guter Pflanzenwuchs. Bei der Auswahl darauf achten, beziehungsweise Pflanzen richtig pflegen (→ Pflanzenpflege, Seite 51).
3. Für ausreichenden Sauerstoffgehalt im Wasser sorgen (→ Seite 48).
4. Nicht zu viele Fische einsetzen und nur Fische miteinander vergesellschaften, die sich vertragen und die gleichen Lebensansprüche haben.
5. Nur gesunde Fische kaufen (→ Krankheiten erkennen, Seite 55).
6. Regelmäßig Wasser wechseln, dabei Wasseraufbereitungsmittel mit Schleimhautschutz zugeben.
7. Temperaturstürze beim Wasserwechsel vermeiden.
8. pH-Wert und die anderen Wasserwerte kontrollieren.
9. Regelmäßig und abwechslungsreich füttern, vor allem richtig füttern (→ Seite 39 bis 42).
10. Regelmäßig ein für Fische geeignetes Vitaminpräparat (im Zoofachhandel erhältlich) verabreichen.
11. Nie mehr als eine Pflegemaßnahme am gleichen Tag durchführen.
12. Tote Tiere sofort entfernen.

Aus Liebe und Verantwortung

Heimtiere machen nicht nur Kindern, sondern der ganzen Familie viel Freude. Und ob Hund, Hamster oder Wellensittich – wer sich einmal an den kleinen Liebling gewöhnt hat, möchte ihn nicht mehr missen. Deshalb ist es wichtig, über die Bedürfnisse der Tiere wirklich Bescheid zu wissen. Die **GU Tier-Ratgeber** – von anerkannten Autoren geschrieben – sind ideal als Helfer bei der artgerechten Haltung mit Herz und Verstand. GU Ratgeber gibt es zu allen beliebten Tierarten. Sie sind auch für Kinder geeignet, die ihr Tier selbst versorgen wollen.

DER GROSSE GU RATGEBER

Ulrich Klever

HUNDE

Experten-Rat für die Hundehaltung mit Herz und Verstand

GU GRÄFE UND UNZER

34,80 DM/272,-öS/34,80 sFr.

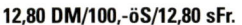

Katzen

12,80 DM/100,-öS/12,80 sFr.

Schildkröten

14,80 DM/116,-öS/14,80 sFr.

Hamster

12,80 DM/100,-öS/12,80 sFr.

Wellensittiche

12,80 DM/100,-öS/12,80 sFr.

Mehr draus machen. Mit GU.

GU GRÄFE UND UNZER

Sachregister

Die **halbfett** gesetzten Seitenzahlen verweisen auf Farbfotos und Zeichnungen. U = Umschlagseite.

Adressen und Literatur

Zeitschriften

Aquarium heute. Aquadocu-
 menta Verlag, Bielefeld
Das Aquarium. Birgit Schmett-
 kamp Verlag, Bornheim
DATZ. Die Aquarien- und
 Terrarien-Zeitschrift. Eugen
 Ulmer Verlag, Stuttgart
Tl. Tetra Werke, Melle

Bücher

Bassleer, G.: *Bildatlas der
 Fischkrankheiten.* Natur-
 buch Verlag, Augsburg
Jauch, D.: *Goldfische und
 Kois in Aquarium und
 Gartenteich.* Gräfe und
 Unzer Verlag, München
Riehl, R.: Baensch, H.: *Aqua-
 rien-Atlas, Band 1–3.*
 Mergus Verlag, Melle
Scheurmann, I.: *Aquarium
 für Süßwasserfische und
 -pflanzen.* Gräfe und
 Unzer Verlag, München
Scheurmann, I.: *Aquarienfi-
 sche züchten.* Gräfe und
 Unzer Verlag, München
Scheurmann, I.: *Pflanzen fürs
 Aquarium.* Gräfe und
 Unzer Verlag, München

Schliewen, U.: *Der große GU
 Ratgeber Wasserwelt
 Aquarium.* Gräfe und
 Unzer Verlag, München
Zurlo, G.: *Buntbarsche/Cich-
 liden.* Gräfe und Unzer
 Verlag, München

Vereine

Adressen der Vereine und
ihrer Vorsitzenden sowie
Nachrichten aus diesen
Vereinen veröffentlicht
regelmäßig die DATZ, das
Organ des Verbandes
Deutscher Vereine für
Aquarien- und Terrarien-
kunde (VDA). Die Adresse
Ihres Ortsvereins erfahren
Sie bei Ihrem Zoofachhändler.

Hinweis und Warnung

In diesem Buch sind elektrische Geräte für die Aqua-
rienpflege beschrieben. Beachten Sie unbedingt die
Hinweise auf Seite 10, da andernfalls schwerwiegende
Unfälle passieren können.
Prüfen Sie vor der Anschaffung eines großen Aquariums
die Belastbarkeit des Fußbodens in Ihrer Wohnung an
dem vorgesehenen Stand.
Wasserschäden durch Glasbruch, Überlaufen oder
Leckwerden des Beckens können nicht immer ver-
mieden werden. Schließen Sie daher unbedingt eine
Versicherung ab (→ Seite 10).
Achten Sie streng darauf, daß Kinder oder auch Erwachsene Aquarienpflanzen nicht essen. Es können erheb-
liche gesundheitliche Störungen eintreten. Fisch-
medikamente sind vor Kindern zu sichern.
Man kann sich am Unteraugenstachel von Schmerlen
und an den Flossenstachein einiger Welsarten verletzen.
Da diese Stichverletzungen allergische Reaktionen aus-
lösen können, muß unbedingt sofort zum Arzt gegan-
gen werden.

Die Fotos auf dem Umschlag:
Umschlagvorderseite: Guppy-Zuchtform
(*Poecilia reticulata*).
Umschlagseite 2: Schmetterlingsbunt-
barsch-Pärchen
(*Papiliochromis ramirezi*).
Umschlagseite 3: Reich bepflanztes
tropisches Süßwasseraquarium.
Umschlagrückseite: Purpurkopfbarben
in einem dekorativ bepflanzten
Aquarium.

Die Fotografen:
Elias: S. 16, 17, 33, 36, 37; Hansen: S. 45
u.; Ifa-Bilderteam: S. 25; Linke: S. 28 o.l.,
29 m., 44 u., 45 o.r., m.l.; Nieuwenhuizen:
U 4; Reinhard: U 1; Rössler: U 2; Schmidt:
S. 28 u.l.; Silvestris: S. 48; Sommer: S. 24;
Wegler: S. 5; Werner: S. 8, 9, 40, 41, 44
m.l., m.r., 56; Kahl: alle übrigen Bilder.

Redaktionsleitung: Hans Scherz
Stellvertretende Redaktionsleitung:
Renate Weinberger
Lektorat: Christine Schulze Buschoff
Herstellung: Manfred Lüer
Produktion: Johannes Schmidt-Thomé
Umschlaggestaltung:
Heinz Kraxenberger
Satz: Hesz Satz Repro GmbH
Reproduktion, Druck und Bindung:
Stürtz AG

ISBN 3-7742-5087-1

Auflage	10.	9.	8.	7.	6.
Jahr	99	98	97	96	95